AF591959

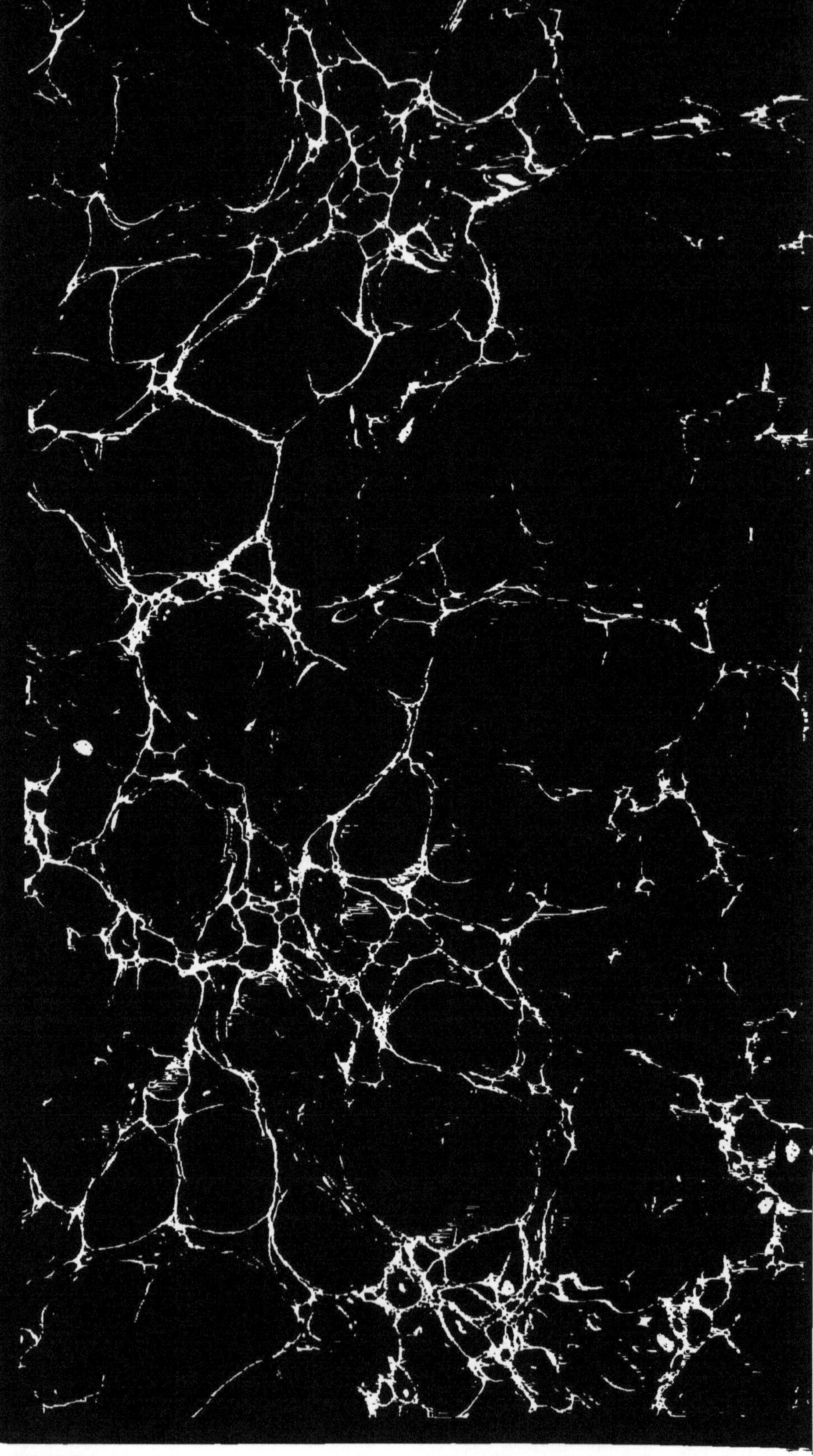

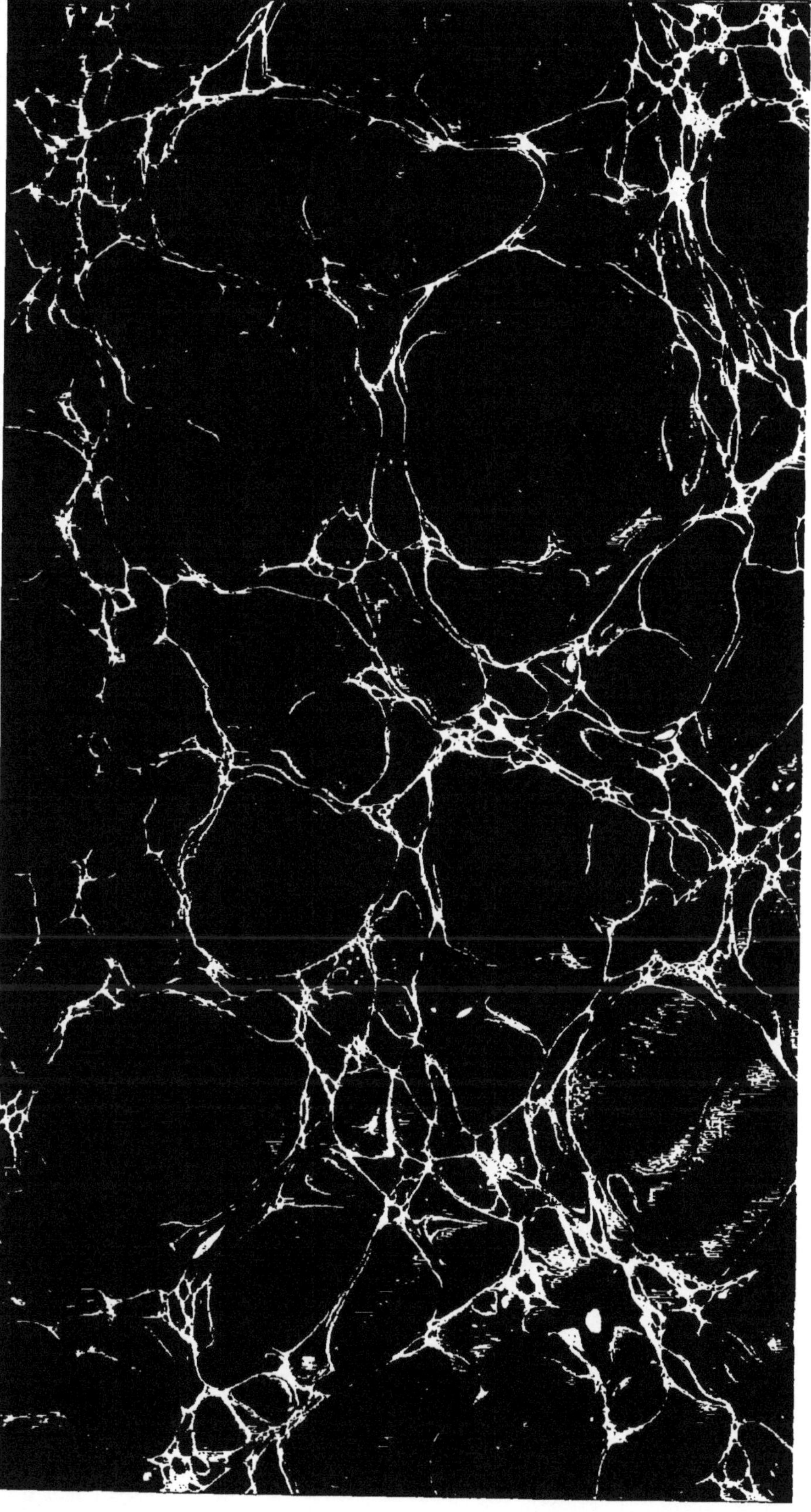

LE GUIDE

DU MAIRE

EN MATIÈRE DE

POLICE MUNICIPALE ET RURALE.

LE GUIDE
DU MAIRE
EN MATIÈRE DE
POLICE MUNICIPALE
ET RURALE

Contenant la **Jurisprudence** de la Cour de Cassation sur la matière, & suivi de quelques observations & d'un Réglement sur le **Parcours et la vaine Pâture.**

PAR **D. LACROIX**
EMPLOYÉ A LA SOUS-PRÉFECTURE DE COMPIÈGNE.

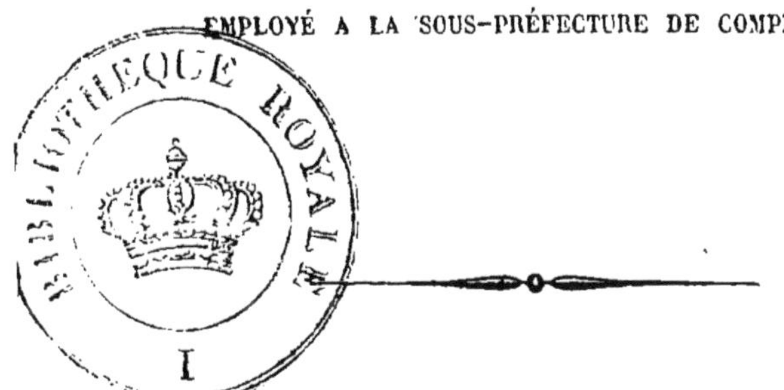

COMPIÈGNE
LOUIS VOL, Imprimeur, rue des Lombards, 16.

—

1846

LE GUIDE DU MAIRE

POLICE MUNICIPALE

1. *Arrêté sur la police des Cabarets et autres lieux publics.*

(*V. infra* nos 124, 134 *à* 141, 178, 153, 122, 123, 188.)

2. (DATE DE L'ARRÊTÉ) — Canton de

(NATURE DE L'ARRÊTÉ). — Département de

COMMUNE DE

Le Maire de la Commune de

Vu l'art. 50 de la loi du 14-22 décembre 1789;

Vu la loi du 16-24 août 1790, titre XI, articles 3 et 4 ;

Vu l'art. 46, titre Ier de la loi du 19-22 juillet 1791 ;

Vu l'art. 11 de la loi du 18 juillet 1837 ; (3)

(3) Le *visa* des *Lois* est de toute rigueur, et doit précéder les considérants d'un Arrêté municipal. — L'énonciation des *Lois générales* qui établissent le droit des maires de réglementer les objets confiés à leur vigilance

et à leur autorité, doit précéder celles des *Lois particulières*, *spéciales* ou *exceptionnelles*, relatives à l'objet dont l'arrêté va s'occuper.

Considérant que la loi confie à l'autorité municipale, le maintien du bon ordre, — et que la sûreté publique comme l'ordre public, est intéressé à la bonne police des cabarets et autres lieux où il se fait des rassemblements;

ARRÊTE :

Art. 1er. — Les auberges, cabarets, cafés, salles de danses et autres lieux publics, seront fermés tous les jours, même les fêtes et dimanches, comme il suit, savoir :

Les auberges, cabarets, cafés et autres lieux publics, du premier octobre au trente-un mars à heures du soir ; et du premier avril au trente septembre à heures du soir ;

Et les salles de danses, du premier octobre au trente-un mars à heures du soir ; et du premier avril au trente septembre à heures du soir.

Art. 2. — Les lieux publics, tels que ceux ci-dessus désignés, ne pourront être ouverts avant le jour.

Art. 3. — Il est expressément défendu à tous ménétriers, joueurs de violon ou autres, de jouer ou de faire danser après lesdites heures.

Art. 4. — Il est défendu aux aubergistes, cabaretiers et logeurs de donner à boire ou à manger après les heures ci-dessus fixées, excepté aux voyageurs qui logeront.

Art. 5. — Il leur est spécialement interdit de laisser jouer, chez eux, aucuns jeux de hasard.

Art. 6. — Les aubergistes, cabaretiers et logeurs seront tenus d'avoir un registre timbré, coté et paraphé par le maire, à l'effet d'y inscrire, sans aucun blanc, les nom, prénoms, âge, profession, domicile, les dates d'entrée et de sortie de tous ceux qui seront admis à loger chez eux, même pour une nuit; — de prendre note de leur passeport ou feuille de route; — et de représenter ledit registre à toute réquisition de l'autorité compétente. (4)

(4) Les gardes-champêtres sont incompétents pour se faire représenter le registre dont il s'agit, s'ils n'ont prêté serment devant le tribunal de première instance de leur résidence comme *appariteurs de police*. — (Voy. *infra* n° 161).

Art. 7. — Les contraventions au présent arrêté seront constatées et poursuivies devant le tribunal compétent, conformément aux lois. (5)

(5) Cette formule doit être *seule* adoptée; elle supplée à toutes les autres prescriptions qui étaient jadis en usage.

Fait à le

Le Maire,

—

6. *Arrêté sur la police des Marchés.*

(*V. infra* nos 144 à 148, 158, 159, 166 à 170, 180 202, 122, 123, 188.)

Le Maire de la commune de

Vu l'art. 50 de la loi du 14-22 décembre 1789,

Vu la loi du 16-24 août 1790, titre XI, articles 3 et 4;

Vu l'art. 46, titre Ier de la loi du 19-22 juillet 1791;

Vu la loi du 28 pluviôse, an 8;

Vu l'art. 11 de la loi du 18 juillet 1837;

Vu l'arrêté pris le   par M. le ministre de l'agriculture et du commerce, afin d'autoriser l'établissement dans cette ville (*ou commune*) d'un marché. — (Voy. *supra* n° 3).

Considérant que les lois font à l'autorité un devoir de veiller à la fidélité dans le débit, et à la salubrité des comestibles exposés en vente;

ARRÊTE :

Art. 1er. — Le marché se tiendra sur l'emplacement

Les boutiques, marchandises, bestiaux et denrées, seront placés de manière à ne point entraver ni gêner la libre circulation.

Les voitures ne pourront être déposées à moins

de 50 mètres de distance de l'emplacement du marché.

Art. 2. — L'ouverture du marché est fixée à heures du matin, depuis le jusqu'au et à heures du matin, depuis le jusqu'au

Art. 3. — Les grains, denrées et marchandises qui, les jours et pendant la durée du marché, seront amenés dans la commune, sans autre destination spéciale, ne pourront être exposés en vente avec étalage, sur aucune autre partie de la voie publique, que l'emplacement désigné en l'art. 1er du présent arrêté.

Art. 4. — Il est défendu de faire stationner et d'exposer en vente aucunes des marchandises ou denrées destinées à l'approvisionnement du marché, ailleurs que sur l'emplacement même qui lui est affecté. (7)

(7) Un arrêt de la Cour de cassation, du 30 août 1844, confirme cette décision.

Art. 5. — Il est défendu d'exposer en vente des comestibles gâtés, corrompus ou nuisibles.

Art. 6. — Les places demeureront franches de toute rétribution, tant qu'il n'en sera pas autrement ordonné par un réglement légal.

Art. 7. — Les contraventions au présent arrêté seront constatées et poursuivies devant le tribunal compétent, conformément aux lois. — (Voy. *supra* n° 5, *infra* n° 8).

Fait à le

Le Maire,

(8) L'autorité municipale a le droit de défendre à toutes personnes de recevoir, en dépôt chez elles, les denrées destinées à l'approvisionnement des marchés, et d'obliger les marchands à déposer dans une resserre publique les denrées non vendues au marché du jour, pour être remises en vente à celui du lendemain. — (*Arr. C. cass.* 31 *mars* 1838.)

---

9. **Arrêté sur la police des Cimetières et des Inhumations.**

(*V. infra n*os 143, 173, 174, 122, 123, 188.)

Le Maire de la commune de

Vu l'art. 50 de la loi du 14-22 décembre 1789;

Vu la loi du 16-24 août 1790, titre XI, articles 3 et 4;

Vu l'art, 46, titre Ier de la loi du 19-22 juillet 1791;

Vu la loi du 12 frimaire an 2;

Vu le décret du 23 prairial an 12;

Vu le décret du 4 thermidor an 13;

Vu l'ordonnance du roi du 6 décembre 1843;

Vu l'art. 11 de la loi du 18 juillet 1837. — (Voy. *supra n°* 3.)

Considérant que la loi confie à l'autorité municipale le maintien du bon ordre, — et que la salubrité publique, comme l'ordre public, est intéressé à la bonne police des lieux de sépulture, soit pour l'ouverture et pour la disposition des fosses, soit pour qu'aucun désordre ne soit commis dans les cimetières ;

ARRÊTE :

Art. 1er. — Aucune inhumation ne sera faite sans l'autorisation, sur papier libre et sans frais, de l'officier de l'état-civil, qui ne pourra la délivrer qu'après s'être transporté auprès de la personne décédée, pour s'assurer du décès, et que 24 heures après le décès, hors le cas ou la nature de la maladie, la saison, ou l'état du corps auront déterminé le médecin qui aura soigné le malade, ou tout autre médecin commis à cet effet, à prononcer que la sépulture doit avoir lieu plus promptement. (10)

(10) Cette défense est basée sur les termes de l'art. 77 c. civ.

Art. 2. — A compter de la publication du présent arrêté, les inhumations seront faites par rangées, à la file, qui commenceront dans le lieu des plus anciennes, et qui sera indiqué au fossoyeur par l'autorité locale.

Art 3. — Les places de familles sont interdites.

Art. 4. — Chaque inhumation sera faite dans une fosse séparée de 1 mètre 50 c. à 2 mètres de profondeur, sur 8 décimètres de largeur, cette fosse sera remplie de terre bien foulée.

Art. 5. — Les fosses seront distantes les unes des autres de 3 à 4 décimètres sur les côtés, et de 3 à 5 décimètres de la tête aux pieds.

Art. 6. — L'ouverture des fosses pour de nouvelles sépultures n'aura lieu que de cinq années en cinq années.

Art. 7. — Il est fait défense à toutes personnes de se comporter avec indécence ou inconvenance dans le cimetière ; comme aussi d'y commettre aucun désordre, ou de s'y permettre aucun acte contraire au respect dû à la mémoire des morts.

Art. 8. — Défenses sont faites, de tenir dans ledit lieu aucune assemblée tumultueuse ; d'y faire paître les bestiaux ; d'y profaner les tombeaux ; d'y entrer à cheval ou en voiture.

Art. 9. — Défenses sont aussi faites, d'escalader les grilles ou treillages et autres entourages des sépultures ; de monter sur les tombeaux ; de les dégrader, ainsi que les terrains qui en dépendent.

De rien écrire sur les monuments ; de couper ou arracher les fleurs ou arbustes ; d'enlever ou déplacer les objets posés dans des intentions pieuses sur les tombes ; et enfin tous autres objets existants sur les terrains non encore employés. (11)

(11) L'art. 360 c. pén., punit d'un emprisonnement de 3 mois à un an, et d'une amende de 16 fr, à 200 fr., toute violation de tombeaux ou de sépultures.

Art. 10. — Aucune inscription ne pourra être placée sur les pierres tumulaires ou monuments funèbres, sans avoir été préalablement soumise à l'approbation du maire. (12)

(12) Ordonnance du 6 décembre 1843, art. 3. — Circ. minist. de l'int. du 30 décembre.

Art. 11. — En temps d'épidémie, il sera jeté de la chaux vive dans les fosses des victimes, dont la dépense fera partie des frais d'inhumation et de sépulture.

Art. 12. — Les contraventions au présent arrêté seront constatées et poursuivies devant le tribunal compétent, conformément aux lois. — (Voy. *supra* n° 5, *infra*, 13, 14, 15, 16.)

Fait à le

Le Maire.

(13) L'autorité municipale a le droit d'interdire toute inhumation dans un autre lieu que le cimetière commun. — (*C. cass.* 14 *avril* 1838.)

(14) Conformément à l'art. 358 du c. pén., les personnes qui contreviennent à l'art. 1er de l'arrêté ci-dessus, sont passibles d'un emprisonnement de six jours à deux mois, et d'une amende de 16 à 50 fr.

(15) L'art. 77 du c. civ. rappelé par le décret du 4 thermidor an 13, est ainsi conçu :

Il est défendu à tous maires, adjoints et autres membres d'administrations municipales, de souffrir le transport, présentation, dépôt, inhumation des corps, ni l'ouverture des lieux de sépulture, à toutes fabriques d'églises et consistoires, ou autres ayant droit ; de faire les fournitures requises pour les funérailles ; délivrer lesdites fournitures à tous curés, desservants et pasteurs ; d'aller lever aucuns corps ou de les accompagner hors des églises et des temples, qu'il ne leur apparaisse de l'autorisation donnée par l'officier de l'état-civil pour l'inhumation, à peine d'être poursuivis comme contrevenants aux lois.

(16) L'autorisation d'inhumer peut être ainsi libellée :

Nous, officier de l'état civil, maire (*ou adjoint délégué*) de la commune de donnons par le présent, en exécution de l'art. 77 du c. civil, l'autorisation d'inhumer (*nom et prénoms de la personne décédée*), décédée le à heures du dans domicile, âgé de ans.

Fait à le

---

17. *Arrêté sur les Charivaris, Attroupements, etc.*

(*V. infra* nos 133, 122, 123, 188.)

Le Maire de la commune de

Vu l'art. 50 de la loi du 14-22 décembre 1789 ;

Vu la loi du 16-24 août 1790, titre XI, art. 3 et 4 ;

Vu l'art. 46, titre Ier, de la loi du 19-22 juillet 1791 ;

Vu la loi du 10 avril 1831 ;

Vu l'art. 11 de la loi du 18 juillet 1837. — (Voy. *supra* n° 3.)

Considérant que l'autorité municipale a pour

première mission d'assurer le bon ordre, ainsi que la tranquillité et le repos des habitants; et que tout attroupement de nature à exciter au désordre, est défendu par les lois;

Considérant que les *charivaris* tendent à porter outrage à des particuliers, — qu'ils occasionnent des rixes et sont un scandale public; que dès lors, il y a lieu d'en prévenir le retour;

ARRÊTE :

Art. 1er. — Il est défendu de former, sous quelque prétexte que ce soit, de jour ou de nuit, des attroupements ou réunions tumultueuses sur la voie publique.

Art. 2. — Il sera procédé, pour la dispersion des attroupements, conformément à la loi du 10 avril 1831, ci-dessus visée.

Art. 3. — Il est défendu de répandre de fausses alarmes parmi les habitants, soit par des cris, soit par le bruit du tambour, soit encore par le son des cloches.

Art. 4. — Il est défendu de tenir publiquement des propos obscènes, et d'outrager sur la voie publique qui que ce soit, par paroles ou par gestes, ainsi que de chanter aucune chanson provocatrice au désordre ou offensant la morale publique.

Art. 5. — Défense est également faite, de troubler la tranquillité publique, le jour ou la nuit, par des cris, chants et bruits tumultueux; par des tapages ou charivaris.

Art. 6. — Les contraventions au présent arrêté

seront constatées et poursuivies devant le tribunal compétent, conformément aux lois. (Voy. *supra n°* 5).

Fait à le

Le Maire,

---

18. *Arrêté interdisant les dépôts sur la voie publique.*

(*V. infra nos* 155, 157, 122, 123, 188.)

Le Maire de la commune de

Vu l'art. 50 de la loi du 14-22 décembre 1789;

Vu la loi du 16-24 août 1790, titre XI, art. 3 et 4 ;

Vu l'art. 46, titre Ier de la loi du 19-22 juillet 1791 ;

Vu l'art. 11 de la loi du 18 juillet 1837. — (Voy. *supra n°* 3) ;

Considérant que la sûreté et la commodité de la voie publique sont particulièrement confiées à la vigilance de l'autorité municipale ;

ARRÊTE :

Art. 1er. — Il est expressément défendu à tout individu, de déposer dans les rues, quais, places et voies publiques de cette commune, aucuns matériaux ou objets quelconques, qui pourraient empêcher ou diminuer la libre circulation des habitants.

Art. 2. — Il est particulièrement défendu de jeter dans les rues, quais, places et voies publiques des immondices qui, non-seulement diminueraient la sûreté du passage, mais encore empêcheraient la libre circulation des eaux.

Art. 3. — Les personnes qui, pour construction, seront obligées, à défaut d'autres emplacements, de déposer des matériaux de construction sur la voie publique, devront au préalable en donner avis au Maire, qui pourra autoriser le dépôt sur la voie publique.

Art. 4 — Les contraventions au présent arrêté seront constatées et poursuivies devant le tribunal compétent, conformément aux lois. — (Voy. *supra* n 5).

Fait à le

Le Maire,

—

19. ***Arrêté sur la circulation et la conduite des Chevaux et Voitures.***

(*V. infra nos* 204, 122, 123, 188.)

—

Le Maire de la commune de

Vu l'art. 50 de la loi du 14-22 décembre 1789 ;

Vu la loi du 16-24 août 1790, titre XI, art. 3 et 4 ;

Vu l'art. 46, titre Ier, de la loi du 19-22 juillet 1791 ;

Vu l'art. 11 de la loi du 18 juillet 1837; (Voy. *supra n°* 3).

Considérant qu'il est du devoir de l'autorité municipale de prévenir les accidents occasionnés par les conducteurs de voitures et de chevaux, et d'assurer la sûreté de la circulation ;

ARRÊTE :

Art. 1er. — Il est fait défense, à toutes personnes à cheval ou conduisant une voiture, charrette ou un cabriolet, etc. ; de parcourir au grand trot ou au galop, les rues de la commune.

Art. 2. — Il est défendu de confier la garde et la conduite des chevaux ou voitures, etc. à des enfants âgés de moins de 12 ans et à des individus invalides.

Art. 3. — Les contraventions au présent arrêté seront constatées et poursuivies devant le tribunal compétent, conformément aux lois. — (Voy. *supra n°* 5.)

Fait à le

Le Maire,

CONSTRUCTIONS, RÉPARATIONS, DÉMOLITIONS.

(*V. infra* n°s 149 *à* 151, 154, 189 *à* 196, 122, 123, 188.)

---

20. Arrêté sur les précautions à prendre dans l'intérêt de la sûreté publique.

Le Maire de la commune de

Vu l'art. 50 de la loi du 14-22 décembre 1789 ;

Vu la loi du 16-24 août 1790, titre XI, art. 3 et 4 ;

Vu l'art. 46, titre Ier de la loi du 19-22 juillet 1791 ;

Vu l'art. 11 de la loi du 18 juillet 1837. — (Voy. *supra* n° 3.)

Considérant que l'autorité municipale doit prendre toutes les mesures propres à assurer la sûreté et la circulation ;

ARRÊTE :

Art. 1er. — Il est défendu de procéder à aucune construction, réparation ou démolition des murs de face ou de clôture, des bâtiments et terrains riverains de la voie publique, sans en avoir demandé préalablement, et obtenu, la permission de l'autorité compétente.

Art. 2. — Dans le cas de construction, de grosse réparation ou de démolition, il est enjoint d'établir une barrière en planches, à la saillie déterminée par la permission.

Art. 3. — Les barrières et échafaudages seront éclairés, dès la chûte du jour, aux frais et par les soins des propriétaires et des entrepreneurs.

Art. 4. — Il est prescrit aux couvreurs de suspendre, à une corde tombant du toit, à deux mètres du sol, un signal très-visible, qui pourra se composer de deux lattes en croix ou d'un gros bouchon de paille.

Art. 5. — Les propriétaires et les entrepreneurs seront tenus de faire réparer à leurs frais les dégradations de la voie publique, résultant de la pose des barrières et échafaudages.

Art. 6. — Les démolitions devront s'opérer au marteau, sans abattage, et en faisant tomber les matériaux dans l'intérieur des bâtiments.

Art. 7. — Les contraventions au présent arrêté seront constatées et poursuivies devant le tribunal compétent, conformément aux lois. — (Voy. *supra n°* 5.)

Fait à le

Le Maire,

21. Arrêté sur les Armes à feu, Artifices, etc.

(V. *Infra* nos 122, 123, 188.)

—

Le maire de la commune de

Vu l'art. 50 de la loi du 14-22 décembre 1789 ;

Vu la loi du 16-24 août 1790, titre XI, articles 3 et 4 ;

Vu l'article 46, titre Ier de la loi du 19-22 juillet 1791 ;

Vu l'article 11 de la loi du 18 juillet 1837. — V. *supra* no 3.

Considérant qu'il est d'une bonne police de prendre les mesures propres à prévenir les accidents qui peuvent résulter soit du tir et de la confection des pièces d'artifices, soit du tir des armes à feu;

ARRÊTE :

Art. 1er. Toute personne qui voudra faire tirer des pièces d'artifice sera tenue d'en faire préalablement la déclaration à la mairie.

Art. 2. — Il est défendu, notamment à l'occasion des mariages, baptêmes, fêtes de famille et fêtes publiques, de tirer des armes à feu, pétards, fusées et pièces d'artifice quelconques sur la voie publique, par les fenêtres ou dans l'intérieur des maisons.

Art. 3. — Il est défendu à toutes personnes, autres que les artificiers, de vendre ou débiter des pièces quelconques d'artifice, même de la plus petite dimension.

Art. 4. — Il est enjoint aux artificiers, fabricants de poudre ou autres matières détonnantes et fulminantes, de ne livrer ces matières qu'à des personnes notoirement connues, et d'en refuser à tous les enfants indistinctement.

Art. 5. — Les contraventions au présent arrêté seront constatées et poursuivies devant le tribunal compétent conformément aux lois. — (V. *supra* n° 5.)

Fait à le

Le Maire.

---

22. *Arrêté sur les Animaux malfaisants.*

(V. *infra* nos 122, 123, 188.)

Le Maire de la commune de

Vu l'art. 50 de la loi du 14-22 décembre 1789 ;

Vu la loi du 16-24 août 1790, titre XI, art. 3 et 4,

Vu l'art. 46, titre Ier de la loi du 19-22 juillet 1791 ;

Vu l'art. 11 de la loi du 18 juillet 1837, sur l'administration municipale; (Voy. *supra* n° 33).

Considérant qu'il est du devoir de l'autorité

municipale de prévenir les accidents déplorables qui arrivent souvent, par suite de l'abandon d'animaux dangereux et malfaisants ;

ARRÊTE :

Art. 1er. — Il est défendu de laisser errer sur la voie publique des animaux quelconques, qui pourraient être un danger pour la sûreté des habitants ; notamment des chevaux, taureaux, bœufs, vaches, béliers et porcs.

Art. 2. — Les taureaux conduits à l'abreuvoir ou au pâturage, devront toujours être entravés.

Art. 3. — Il est fait expresse défense, à tout possesseur de chiens, de les laisser aller dans les rues, places et chemins, s'ils ne sont pas muselés ou tenus en laisse.

Art. 4. — Les chiens non muselés, trouvés errants sur la voie publique, seront saisis et détruits.

Art. 5. — Les chiens de garde seront attachés assez court, ou enfermés avec assez de soin dans l'intérieur des habitations, pour que l'on soit toujours à l'abri de leurs atteintes.

Art. 6. — Il est défendu d'exciter les chiens entr'eux pour les faire battre, et de les faire courir après les passants ou de les harceler.

Art. 7. — Les contraventions au présent arrêté seront constatées et poursuivies devant le tribunal compétent, conformément aux lois. (Voy. *supra n°* 5).

Fait à le

Le Maire,

—

INCENDIES (PRÉCAUTIONS CONTRE LES).

23. *Arrêté sur les Couvertures en Chaume.*

(*V. infra* n°s 142, 171, 172, 122, 123, 188).

Le Maire de la commune de

Vu l'art. 50 de la loi du 14-22 décembre 1789;

Vu la loi dn 16-24 août 1790, titre XI, art. 3 et 4 ;

Vu l'art. 46, titre Ier, de la loi du 19-22 juillet 1791 ;

Vu l'art. 11 de la loi du 18 juillet 1837; (Voy. *supra n°* 3).

Considérant que si les fréquents incendies qui ont lieu , sont occasionnés en partie par la mauvaise construction des habitations ; les progrès rapides que font ces incendies proviennent le plus souvent aussi de ce que ces habitations sont couvertes en chaume , et encore de ce que les cheminées ne s'élèvent presque pas au-dessus des toitures ;

ARRÊTE :

Art. 1er. — A partir de la publication du présent arrêté , les couvertures en chaume , paille , ou tout autre matière combustible, sont interdites dans toute l'étendue de cette commune.

Art. 2. — Il est également interdit de couvrir en matière combustible les murs de clôture.

Art. 3. — Les couvertures en chaume ou paille actuellement existantes, ne pourront être réparées qu'avec des ardoises, tuiles ou toute autre matière incombustible.

Art. 4. — Les propriétaires de maisons couvertes en chaume, dont les cheminées ne s'élèveraient pas à un mètre soixante-trois centimètres au-dessus de la toiture, seront tenus de les faire élever à cette hauteur sous le plus bref délai.

Art. 5. — Les couvreurs, maçons, charpentiers ou autres ouvriers qui concourraient à l'infraction des dispositions qui précèdent, seront contraignables, solidairement avec les propriétaires qui les auront employés.

Art. 6. — Les contraventions au présent arrêté seront constatées et poursuivies devant le tribunal compétent, conformément aux lois. — (Voy. *supra n*° 5, *infra n*° 24.)

Fait à le

Le Maire,

(24) La Société d'Agriculture du département du Nord a publié, en 1834, un moyen fort simple et peu dispendieux pour préserver les toits en chaume de l'incendie : C'est un enduit composé de sept dixièmes de terre glaise, un dixième de sable, un dixième de crottin de cheval, un dixième de chaux vive, le tout bien mélangé et corroyé avec l'eau jusqu'à consistance de mortier. On l'applique sur la surface du chaume, à la truelle, à l'épaisseur d'en-

2

viron un centimètre, ayant soin de remplir avec le même instrument les fentes et fissures qui se forment à mesure que la dessiccation s'opère. L'analyse du prix,. déduit de l'expérience, ne donne qu'une dépense de 7 fr. 35 c, pour recouvrir un toit de 160 mètres carrés de surface. L'application de cet enduit a été faite avec un grand succès dans plusieurs communes du département du Nord.

Circulation dans les Ecuries et autres lieux avec des lanternes en mauvais état; — Dépôt de matières combustibles près des habitations, etc., etc.

(*V. infra* nos 171, 172, 122, 123, 188.)

25. ARRÊTÉ.

Le Maire de la commune de

Vu l'art. 50 de la loi du 14-22 décembre 1789;

Vu la loi du 16-24 août 1790, titre XI, art. 3 et 4;

Vu l'art. 46, titre Ier de la loi du 19-22 juillet 1791;

Vu la loi du 28 septembre 6 octobre 1791;

Vu l'art. 11 de la loi du 18 juillet 1837; — (Voy. *supra* n° 3.)

Considérant que si de fréquents incendies ont lieu par suite des couvertures en chaume, il en est aussi qui proviennent de la circulation dans les écuries et autres lieux remplis de matières combustibles, avec des lanternes en mauvais état;

Considérant qu'il est du devoir de l'autorité municipale de prévenir les funestes effets des incendies ;

ARRÊTE :

Art. 1er. — Défense est faite aux habitants de cette commune de faire ou placer aucun tas de meules de blé, avoine, fourrages, paille, etc, etc., à une distance moindre de mètres des habitations.

Art. 2. — Il est interdit de déposer des matières combustibles, telles que meules ou tas de paille, fourrages, fagots, chanvre, fânes sèches, etc., etc., près des fours et cheminées.

Art. 3. — Défense est faite de faire sécher le chanvre dans le four, sous le prétexte de le mâcher ou broyer ensuite.

Art 4. — Il est fait expresse défense de circuler ou de travailler la nuit, sans lanternes en bon état et bien closes, dans les cours à fumier, écuries, étables, granges et fenils.

Art. 5. — Il est défendu de faire du feu dans les champs, *sans nécessité;* et en cas de nécessité d'en allumer plus près de mètres des maisons, bois, bruyères, vergers, haies, meules de grains ou de fourrages.

Art. 6 — Les fours doivent être fermés par des couvercles en tôle.

Art. 7. — Il est expressément défendu à tous

boulangers, pâtissiers et aubergistes, de construire ou faire construire sous leurs fours aucune soupente ou resserre.

Art. 8. — Il pourra être fait, par l'autorité municipale, des visites ayant pour but de vérifier l'état des lanternes.

Art. 9. — Les contraventions au présent arrêté, seront constatées et poursuivies devant le tribunal compétent, conformément aux lois. — (Voy. *supra* n° 5).

Fait à le

Le Maire,

---

26. *Arrêté sur les Inondations.*

V. *infra* n°s 122, 125, 188.)

Le Maire de la commune de

Vu l'art. 50 de la loi du 14-22 décembre 1789 ;

Vu la loi du 16-24 août 1790, titre XI, art. 3 et 4 ;

Vu l'art. 46, titre Ier de la loi du 19-22 juillet 1791 ;

Vu l'art. 11 de la loi du 18 juillet 1837 ; (Voy. *supra* n° 3).

Considérant que l'autorité municipale doit rappeler tous les citoyens à concourir aux mesures propres à prévenir l'inondation ;

ARRÊTE :

Art. 1er. — En cas d'inondation, quelle qu'en soit la cause, tout citoyen est tenu d'y prêter secours, et concourir, antant qu'il sera en lui, à l'exécution de toutes les mesures ordonnées par l'autorité.

Art. 2. — Tout refus de secours, non motivé, sera constaté par un procès-verbal auquel il sera donné telles suites que de droit.

Art. 3. — Les contraventions au présent arrêté seront constatées et poursuivies devant le tribunal compétent, conformément aux lois. — (Voy. *supra* n° 5).

Fait à le

Le Maire,

---

27. *Arrêté sur le Balayage, etc., etc.*

(*V. infra* nos 152, 156, 161, 165, 122, 123, 188.)

Le Maire de la commune de

Vu l'art. 50 de la loi du 14-22 décembre 1789 ;

Vu la loi du 16-24 août 1790, titre XI, art. 3 et 4 ;

Vu l'art. 46, titre Ier, de la loi du 19-22 juillet 1791 ;

Vu l'art. 11 de la loi du 18 juillet 1837; — (Voy. *supra* n° 3).

Considérant que la propreté de la voie publique doit fixer l'attention particulière de l'autorité municipale, dans l'intérêt de la salubrité pupublique, et qu'il y a lieu dès-lors, à prescrire les mesures utiles, soit pour le nettoiement des rues, soit pour l'enlèvement des glaces et neiges;

ARRÊTE :

Art. 1er. — A compter de la publication du présent arrêté, les habitants de cette commune seront tenus de balayer le devant de leurs maisons, cours et autres bâtiments ou terrains quelconques donnant sur la voie publique.

Savoir : Jusqu'au ruisseau, dans les rues à un seul ruisseau, et jusqu'au milieu de la chaussée, dans les rues à chaussée. (28)

(28) Pour que cette mesure soit efficace, l'autorité municipale doit prendre les dispositions nécessaires pour assurer l'enlèvement des boues et immondices.

Art. 2 — Le balayage s'effectuera les de chaque semaine, à heures du matin, depuis le jusqu'au et à heures du matin, depuis le jusqu'au

Art. 3 — Les boues et immondices provenant du balayage seront mises en tas le long du ruisseau, dans les rues à un seul ruisseau, et au milieu de la chaussée, dans les rues à chaussée.

Art. 4. — Nul ne devra laisser couler sur la

voie publique les eaux provenant de ses terrains adjacents, cours et fumiers.

Art. 5. — Les propriétaires de maisons donnant sur la voie publique seront tenus d'établir des conduits, par lesquels les eaux pluviales puissent être dirigées jusqu'à terre, de manière que les passants n'en soient pas incommodés ; en conséquence, toutes gouttières saillantes seront supprimées.

Art 6. — Il est défendu de jeter dans les égouts, des urines, des boues et immondices solides, des matières fécales, et généralement toutes matières pouvant obstruer ou infecter lesdits égouts.

Art. 7. — Dans les temps de neiges et de glaces, les habitants seront tenus de balayer les neiges et de casser les glaces au-devant de leurs maisons, cours et autres bâtiments ou terrains quelconques donnant sur la voie publique, et ce, de la manière spécifiée au paragraphe de l'art. 1er du présent arrêté.

Art. 8. — Les neiges et glaces seront mises en tas de la même manière que celle spécifiée en l'art. 3 du présent arrêté.

Art. 9. — Défense est faite de déposer sur la voie publique aucunes neiges ou glaces provenant des cours ou de l'intérieur des habitations.

Art. 10. — En cas de verglas, il est enjoint aux habitants de faire jeter, au-devant de leurs habitations, des cendres, du sable, des gravois ou du machefer.

Art. 11. — Il est défendu, de déposer des neiges et glaces auprès des grilles et des bouches d'égouts.

Art. 12. — Il est défendu de former des glissades sur la voie publique.

Art. 13. — Pendant les chaleurs de l'eté et à heures du soir, les habitants seront tenus d'arroser le devant de leur habitation ou de leur propriété donnant sur la voie publique, ils en seront avertis par (*indiquer le moyen*).

Art. 14. — Les contraventions au présent arrêté seront constatées et poursuivies devant le tribunal compétent, conformément aux lois. — (Voy. *supra* n° 5, *infra* n° 29.)

Fait à le

Le Maire,

(29) Une impasse ou cul-de-sac qui est livrée à la circulation publique pendant le jour et sert de communication à un certain nombre d'habitants, est soumis aux réglements de police concernant le balayage et le nettoyage, encore bien qu'il soit fermé pendant la nuit. *(C. Cass. 2 juin 1837.)*

30. *Arrêté interdisant les dépôts de Résidus de Fécules sur la voie publique.*

(*V. infra* nos 155, 122, 123, 188.)

—

Le Maire de la commune de

Vu l'art. 50 de la loi du 14-22 décembre 1789;

Vu la loi du 16-24 août 1790, titre XI, art. 3 et 4;

Vu l'art. 46, titre Ier de la loi du 19-22 juillet 1791;

Vu l'instruction ministérielle du 22 octobre 1812;

Vu l'art. 11 de la loi du 18 juillet 1837; — (Voy. *supra* no 3.)

Considérant que des résidus provenant de fécules de pommes de terre, mis et disposés depuis quelque temps dans les rues et places publiques, produisent une exhalaison insalubre et nuisible à la santé des habitants;

Considérant que de semblables résidus, jetés dans la rivière, corrompent l'eau servant habituellement de boisson, et peuvent occasionner des maladies aux personnes qui l'emploient;

Considérant enfin qu'il est de toute nécessité de prévenir les inconvénients que le dépôt dont il s'agit, sur la voie publique et dans la rivière, peut occasionner; (31)

(31) S'il n'existe pas de rivière dans la commune, les deux derniers considérants ne figureront pas dans l'arrêté.

ARRÊTE :

Art. 1er. — Il est fait expresse défense aux fabricants de fécule de pommes de terre, de déposer ou de faire déposer aucun résidu dans les rues ou places publiques, ni dans la rivière.

Art. 2. — Tout habitant qui voudra conserver la propriété des résidus dont il aura fait le dépôt sur la voie publique, devra en faire l'enlèvement dans le délai de trois jours, à partir de la publication du présent arrêté. — Ce délai expiré, tous les résidus seront enlevés à la diligence de l'autorité municipale.

Art. 3. — Aucun habitant ne pourra conserver de résidus dans l'intérieur de son habitation.

Art. 4. — Les résidus de fécule ne pourront être déposés qu'à une distance de mètres des habitations.

Art. 5. — Les contraventions au présent arrêté seront constatées et poursuivies devant le tribunal compétent, conformément aux lois. — — (Voy. *supra* n° 5.)

Fait à le

Le Maire,

32. ***Arrêté sur les Fontaines publiques, Sources et Abreuvoirs.***

(V. *infra* nos 122, 123, 188.)

—

Le Maire de la commune de

Vu l'art. 50 de la loi du 14-22 décembre 1789;

Vu la loi du 16-24 août 1790, titre XI, art. 3 et 4;

Vu l'art. 46, titre Ier de la loi du 19-22 juillet 1791;

Vu l'art. 11 de la loi du 18 juillet 1837; — (Voy. *supra* n° 3.)

Considérant que l'autorité municipale doit pourvoir, dans l'intérêt de la salubrité publique, aux moyens de préserver les eaux de toute altération;

ARRÊTE :

Art. 1er. — Il est défendu de dégrader et détériorer les fontaines, de quelque manière que ce soit, et d'y faire aucune inscription ni dessin quelconque.

Art. 2. — Le stationnement des voitures et chevaux, les dépôts de baquets, vases et objets semblables sont interdits aux abords des bassins et fontaines publiques.

Art. 3. — Il est défendu de laver du linge, des légumes ou tout autre objet dans les bassins et aux abords des fontaines publiques, et d'y abreuver les chevaux et autres animaux.

Art. 4. — Il est défendu d'apposer des placards sur les fontaines publiques.

Art. 5. — Tout dépôt d'immondices ou d'ordures aux abords desdites fontaines est interdit.

Art. 6. — Défenses sont faites de jeter dans les sources des pierres, des immondices et ordures, des animaux morts et toutes autres choses de nature à altérer la pureté des eaux ou à les corrompre.

Art. 7. — Défenses sont aussi faites de troubler l'eau des sources en en remuant le fond avec un bâton ou de toute autre manière.

Art. 8. Il est également défendu d'y abreuver des chevaux, bestiaux et autres animaux.

Art. 9. — Défenses sont faites à tous particuliers, aubergistes ou loueurs de chevaux, d'établir des abreuvoirs sur la voie publique.

Art. 10. — Il est défendu de conduire aux abreuvoirs publics plus de trois chevaux à la fois; les postillons seuls pourront en mener quatre; les chevaux, ainsi conduits, seront attachés les uns aux autres.

Art. 11. — Il est défendu de laver du linge dans les abreuvoirs, d'y jeter des ordures, d'y faire baigner des chiens, d'y laisser entrer des oies et des canards, et enfin d'en troubler ou altérer l'eau d'une manière quelconque.

Art. 12. — Il est défendu de conduire aux abreuvoirs des chevaux et bestiaux infectés de maladies contagieuses.

Art. 13. — Les contraventions au présent arrêté seront constatées et poursuivies devant le tribunal compétent, conformément aux lois. — (Voy. *supra* n° 5.)

Fait à le

Le Maire,

—

53. ***Arrêté sur les Puisards, Egouts particuliers, etc.***

(V. *infra* nos 156 122, 123, 188.)

—

Le Maire de la commune de

Vu l'art. 50 de la loi du 14-22 décembre 1789;

Vu la loi du 16-24 août 1790, titre XI, art. 3 et 4;

Vu l'art. 46, titre Ier de la loi du 19-22 juillet 1791;

Vu l'art. 11 de la loi du 18 juillet 1837; — (Voy. *supra* n° 3.)

Considérant que la sûreté et la salubrité publiques sont intéressées au bon état des puits, puisards et égouts;

Arrête :

Art. 1er. — Aucun puits, aucun puisard, aucun puits d'absorption, ni égout particulier, ne sera établi sans une autorisation spéciale.

Art. 2. — Il est enjoint aux propriétaires et principaux locataires des maisons où il existe des puisards et des égouts particuliers, de les entretenir dans un état tel qu'ils ne puissent compromettre la sûreté et la salubrité publiques.

Art. 3. — Il est défendu de jeter dans les égouts particuliers des boues et immondices solides, des eaux vannes, des matières fécales et généralement tous corps ou matières pouvant obstruer et infecter lesdits égouts.

Art. 4. — Il ne pourra être procédé à aucun curage de puits, puisard et égout particulier, sans déclaration préalable à la mairie.

Art. 5. — Il est défendu de faire écouler dans les ruisseaux les eaux infectes extraites des puisards et égouts particuliers. Elles seront portées dans les endroits désignés à cet effet.

Art. 6. — Les puisards devront être couverts en maçonnerie et fermés par une cuvette à siphon.

Art. 7. — Les contraventions au présent arrêté seront constatées et poursuivies devant le tribunal compétent, conformément aux lois. — (Voy. *supra* n° 5.

Fait à le

Le Maire,

34. *Arrêté sur la Vidange des Fosses d'aisances.*

(*V. Infra* nos 203, 122, 123, 188.)

—

Le Maire de la commune de

Vu l'art. 50 de la loi du 14-22 décembre 1789;

Vu la loi du 16-24 août 1790, titre XI, art. 3 et 4;

Vu l'art. 46, titre Ier de la loi du 19-22 juillet 1791;

Vu l'art. 11 de la loi du 18 juillet 1837; — (Voy. *supra* n° 3.)

Considérant qu'il est du devoir de l'autorité municipale de prescrire les mesures les plus convenables pour effectuer sans danger pour la vie des ouvriers et pour la salubrité publique, la vidange des fosses d'aisances et le transport des matières;

ARRÊTE:

Art. 1er. — La vidange des fosses d'aisances ne pourra avoir lieu que pendant la nuit.

Art. 2. — Les voitures employées pour ce service ne pourront circuler sur la voie publique, à compter du premier octobre jusqu'au trente-un mars, avant heures du soir, ni après heures du matin;

Et à compter du premier avril jusqu'au trente

septembre, avant heures du soir, ni après heures du matin.

Art. 3. — Les entrepreneurs faisant usage de tonnes seront tenus d'en fermer les bondes de déchargement au moyen d'une bande de fer transversale fixée à demeure à la tonne par l'une de ses extrémités, et fermée à l'autre avec un cadenas.

Art. 4. — Il sera placé une lanterne allumée en saillie sur la voie publique à la porte de la maison ou devra s'opérer une vidange.

Art. 5. — Défenses sont faites d'appliquer des chandelles allumées contre les murs pour éclairer le travail des vidangeurs, si elles ne sont posées dans des chandeliers à plaque.

Art. 6. — Hors le temps de service, les tonnes, voitures, tinettes et tonneaux ne pourront être déposés ailleurs que dans les emplacements désignés à cet effet.

Art. 7. — Les contraventions au présent arrêté seront constatées et poursuivies devant le tribunal compétent, conformément aux lois. — (Voy. *supra n*° 5.)

Fait à le

Le Maire,

—

Curage des Fossés et Ruisseaux.

---

35. Le Maire peut, lorsqu'il est nécessaire de faciliter des dessèchements ou d'assurer la salubrité, contraindre les habitants de sa commune à faire des fossés ou à curer ceux qui existent, et empêcher que leur direction soit changée. — (*Pardessus n° 182.*)

36. Les fossés qui servent de ruisseaux pour l'*écoulement des eaux pluviales* d'une campagne et le *dessèchement des marais*, sont toujours réputés mitoyens aux héritages riverains, et ils appartiennent également aux voisins, suivant la largeur de leur possession. — (*Rolland de Villargues, Répre Jurisp. not., T. 4, 2e pie, page 734 et suiv.*)

37. Mais il ne leur est pas permis de les supprimer ; au contraire, ils sont tenus de les entretenir et curer à leurs frais et dépens chacun pour la portion qui le concerne, sauf à se partager la vase qui en provient, pour l'engrais des héritages. — (*Ibid.*)

38. Et nonobstant ce caractère de mitoyenneté, l'un des voisins ne peut se libérer de sa part de l'entretien d'un pareil fossé, en l'abandonnant entièrement à l'autre voisin. — (*Ibid.*)

---

39. ARRÊTÉ.

(*V. infra* nos 122, 123, 188.)

—

Le Maire de la commune de

Vu l'art. 50 de la loi du 14-22 décembre 1789;

Vu la loi du 16-24 août 1790, titre XI, art. 3 et 4 ;

Vu l'art. 46, titre Ier de la loi du 19-22 juillet 1791 ;

Vu le décret du 28 pluviôse an VIII ;

Vu la loi du 14 floréal an XI ;

Vu l'art. 11 de la loi du 18 juillet 1837 ; — (Voy. *supra* n° 3.)

Considérant que dans l'intérêt de la salubrité publique et pour faciliter le dessèchement des marais, il est nécessaire de curer les fossés ou ruisseaux qui servent à l'écoulement des eaux pluviales et au desséchement des marais ;

ARRÊTE:

Art. 1er. — Il est enjoint aux habitants de cette commune de, dans les jours qui suivront la date de la publication du présent arrêté, procéder au curage des fossés ou ruisseaux existant sur leurs propriétés, à tel titre et pour quelque cause que ce soit.

Art. 2. — Si à l'expiration du délai ci-dessus prescrit, les propriétaires desdits fossés n'avaient exécuté ou fait exécuter les travaux, il y sera pourvu d'office par M. le maire, et à leurs frais.

Art. 3. — Les travaux seront dirigés par le maire. — Les propriétaires qui les auront mal exécutés seront tenus de les refaire.

Art. 4. — La vase provenant du curage sera déposée sur les berges pour leur renforcement et leur rechargement.

Art. 5. — Défense est faite de supprimer les fossés actuellement existants sans l'autorisation du maire.

Art. 6. — Les contraventions au présent arrêté seront constatées et poursuivies devant le tribunal compétent, conformément aux lois. — (Voy. *supra* n° 5.)

Fait à le

Le Maire,

---

40. *Règlement sur la police de la Boulangerie.*

(*V. infra* nos 131, 132, 181, 122, 123, 188.)

Le Maire de la commune de

Vu l'art. 50 de la loi du 14-22 décembre 1789;

Vu la loi du 16-24 août 1790, titre XI, art. 3 et 4;

Vu l'art. 46, titre 1er de la loi du 19-22 juillet 1791 ;

Vu l'art. 11 de la loi du 18 juillet 1837 ; — (Voy. *supra n° 3*.)

Considérant que les lois font à l'autorité un devoir de veiller à la fidélité dans le débit, et à la salubrité des comestibles exposés en vente; (41)

(41) Les abus, s'il en existe, sont à réprimer, mais l'administration doit, dans les actes qu'elle publie, éviter de mettre en état de suspicion une classe entière de commerçants. Il pourrait résulter des désordres publics. — Les considérants devront être réunis en un seul, qu'il conviendrait de libeller comme ci-dessus. *(Dispos. d'une lettre de M. le Min. de l'agric. et du com., du 6 décembre 1844).*

ARRÊTE :

Art. 1er. — Tout boulanger, dans la commune de   sera tenu d'avoir une marque particulière et d'en déposer le double à la Mairie ; cette marque, en fer ou en bois, portera en lettres de 5 centimètres de hauteur, les initiales des nom et prénoms du boulanger, elle devra être appliquée sur chaque pain avant sa cuisson. (42, 43)

(42) L'obligation, imposée par un arrêté de police municipale, à chaque boulanger, d'appliquer sur ses pains une marque distinctive, se justifie au point de vue de la fidélité du débit, et de la salubrité de la denrée.

(43) Mais les dispositions d'adopter comme marques les lettres de l'alphabet, de les attribuer à chaque boulangerie,

suivant l'ordre d'ancienneté ; de prévoir le cas, assurément fort rare, où deux de ces établissements s'ouvriraient le même jour ; et le cas de perte d'une marque par son propriétaire, sont inutilement fort compliquées, surtout dans une commune dont la population est petite. On doit se borner à libeller un article conforme à celui ci-dessus. *(Ibid. septembre* 1845*)*.

Art. 2. — Les comptoirs des boulangers devront être garnis d'une série de poids et d'une balance; conformément à la classe de l'arrêté de M. le préfet de en date du approuvé par M. le ministre de l'agriculture et du commerce, le publié à la date du (44, 45)

(44) On ne doit pas rappeler l'obligation pour les boulangers d'être munis des poids et balances, sans citer l'arrêté du préfet qui a déterminé, en exécution de l'ordonnance royale du 17 avril 1839, art. 15, le minimum d'assortiment de poids et mesures, obligatoire pour ces débitants.

(45) Dans le département de l'Oise, la série de poids et la balance sont déterminées, suivant la neuvième classe de l'arrêté de M. le préfet de ce département, en date du 28 novembre 1839, approuvé par M. le ministre de l'agriculture et du commerce, le 23 décembre suivant, publié à la date du 8 janvier 1840.

Art. 3. — Il est défendu aux boulangers de la commune de conformément à l'art. 479 n° 6, du code pénal, de vendre le pain au-delà du prix fixé par la taxe.

Sont soumis à la taxe les pains d'un kilogr. et au-dessus.

Les pains dont le prix est fixé par l'administration, devront être dans les conditions déterminées par les réglements sur la taxe.

Les pains devront avoir *au moins* le poids pour lequel ils sont mis en vente ; ils devront être, ainsi que tous autres, convenablement cuits.

Ne sont assujettis à la taxe, ni à la condition de peser le poids pour lequel ils sont mis en vente, les pains d'un poids inférieur à un kilogramme.

Les boulangers devront peser leur pain lorsque l'acheteur l'exigera. (46, 47)

(46) Les communes doivent s'approprier la taxe et la publier en leur nom.

(47) Le droit de taxer le pain, maintenu *provisoirement* aux maires par la loi du 19-22 juillet 1791, art. 30, n'entraîne pas celui de déterminer la quantité et le poids à donner aux pains livrés à la consommation. — On doit se borner à indiquer parmi les sortes de pains en usage dans la commune, celles qui seront soumises à la taxe, et à fixer, soit le prix des pains d'après le poids qu'on leur donne habituellement, soit le prix du kilogramme de pain, en exigeant toujours que les pains aient *le poids pour lequel ils sont mis en vente.* — Toutefois, on devrait affranchir de cette dernière prescription, tous les pains d'un poids inférieur à un kilogramme, à raison de l'impossibilité de leur donner rigoureusement le poids annoncé. — Quant à la taxe, cette mesure ne pouvant se justifier que dans un intérêt

d'ordre public, il y a lieu de la restreindre aux pains de grosse forme notamment, dont la consommation est la plus générale, en laissant en dehors toutes les espèces de pain que leur forme ou leur composition peuvent faire considérer comme étant seulement à l'usage des habitants les plus aisés. Ce système, qui donne aux boulangers quelques chances de plus, de bénéfice dans la vente des pains de fantaisie, permet de surveiller très-attentivement la vente du pain taxé. *(Dispos. d'une lettre de M. le min. de l'agric. et du comm. du 6 décembre 1844.)*

Art. 4. — L'excédant de poids, pour les pains taxés, sera payé par l'acheteur au boulanger, proportionnellement au prix de la taxe.

Dans le cas où les pains taxés n'auraient pas le poids pour lequel ils sont mis en vente, le boulanger sera tenu, sans attendre la réclamation de l'acheteur, de compléter ce poids en pain de la même qualité que le pain acheté, ou de subir sur le prix établi par la taxe une réduction en argent proportionnelle au manque de poids, au choix de l'acheteur; le tout, sans préjudice des poursuites qui pourraient être dirigées contre le boulanger, à raison de ce manque de poids. (48)

(48) Une disposition qui accorde un déchet de cuisson, ne doit pas trouver place dans un réglement de police. — En effet, l'acheteur ne doit payer que le pain qu'il reçoit, ou recevoir tout le pain qu'il paie, sauf à l'autorité municipale à s'abstenir de poursuivre le boulanger lorsqu'on ne peut imputer à ce débitant, ni fraude ni négligence. C'est-à-dire lorsque le manque de poids résulte d'un accident de

fabrication, ou lorsqu'il n'excède pas, pour le pain rassis, les proportions ordinaires de la dessiccation naturelle des pains suivant leurs formes. — Pour concilier les intérêts du consommateur et du boulanger, le réglement devrait contenir le paragraphe de l'art. 4 ci-dessus. *(Dispos. d'une lettre de M. le min. de l'agric. et du comm., du même jour.)*

Art. 5. — Il est défendu d'exposer en vente des pains gâtés, corrompus ou nuisibles ; ces pains seront saisis et détruits, le tout conformément aux articles 475 nos 14 et 477, n° 4 du code pénal. (49)

(49) Une disposition qui défendrait aux boulangers de ne pouvoir, dans la fabrication du pain, employer des farines avariées ou de mauvais grains, soulèverait indubitablement de nombreuses difficultés d'exécution. — Il est préférable de formuler un article semblable à celui ci-dessus. *(Ibid).*

Art. 6. — Le prix du pain sera fixé par le Maire, d'après le prix du grain vendu au marché de   et il sera annoncé, à son de caisse, dans tout le territoire de la commune de   le   et le   de chaque mois. — Un exemplaire en restera constamment affiché aux lieux accoutumés, principalement à la porte de la Mairie, et chaque boulanger devra le tenir toujours exposé dans l'endroit le plus apparent de sa boutique. (50)

(50) Pour donner à la taxe toute la publicité nécessaire, il conviendrait d'en faire afficher des exemplaires dans divers endroits de la commune, et d'obliger chaque boulanger à la tenir constamment dans sa boutique. *(Ibid).*

Art. 7. — L'autorité municipale fera de fréquentes visites chez les boulangers, pour s'assurer de l'exécution du présent arrêté. (51)

(51) Le garde-champêtre ne pourrait être appelé à concourir à l'exécution du réglement, qu'autant qu'il serait commissionné comme agent de police ; mais ce serait le détourner de la surveillance qu'il doit exercer dans les champs. (*Ibid. du* 5 *novembre* 1844. — *V. Gardes-champêtres, infra n°* 161).

Art. 8. — Les contraventions au présent arrêté seront constatées et poursuivies devant le tribunal compétent, conformément aux lois. (Voy. *supra n°* 5).

Fait à le

Le Maire ,

VOIRIE.

---

52. — On distingue deux sortes de voiries, qui sont, la *grande* et la *petite.*

43. — La grande voirie comprend : les routes royales, départementales et stratégiques, les chemins de fer, les cours d'eau navigables ou flottables.

54. — La petite voirie comprend les voies de communication d'un intérêt plus restreint, établies principalement pour le service des communes.

55. — Les rues des villes, bourgs et villages, qui sont le prolongement des routes royales ou départementales, appartiennent à la grande voirie. Les autres appartiennent à la petite.

56. — Les contraventions en matière de grande voirie sont constatées et poursuivies par voie administrative. — (*L.* 29, *floréal an X, etc.*)

57. — Les contraventions en matière de petite voirie sont placées dans les attributions de l'autorité judiciaire. — (*L.* 10 *juillet* 1791, — 16 *septembre* 1807, *etc.*)

---

58. Arrêté sur les Alignements, Constructions, Reconstructions, Réparations.

(*V. infra* n°s 121, 149 *à* 151, 154, 189 *à* 196, 122, 123, 188.)

—

Le maire de la commune de

Vu l'art, 50 de la loi du 14-22 décembre 1789 ;

Vu la loi du 16-24 août 1790, titre XI, art. 3, paragraphe 1er.

Vu la loi du 19-22 juillet 1791, titre Ier, art. 29 et 46 ;

Vu la loi du 16 septembre 1807, art, 52 ;

Vu la loi du 21 mai 1836 ;

Vu l'art. 11 de la loi du 18 juillet 1837; (Voy. *supra* n° 3).

Considérant que dans l'intérêt de la bonne police de la voirie, il est utile de rappeler aux citoyens, leurs obligations comme riverains d'une voie publique ;

ARRÊTE :

Art. 1er. — Défenses sont faites à tous propriétaires et habitants de cette commune, de construire, reconstruire ou réparer, aucun bâtiment ou mur de clôture, situé le long de la voie publique, sans en avoir préalablement obtenu l'autorisation par écrit : du Préfet, en ce qui concerne les routes royales et départementales, et du Maire, en ce qui concerne les rues, places, carrefours et voies publiques qui ne font pas partie de la grande voirie.

Art. 2. — Mêmes défenses sont faites de construire ou de reconstruire aucun bâtiment ou mur de clôture le long des chemins vicinaux, sans avoir obtenu alignement, par écrit du Préfet, si les constructions ou reconstructions doivent être faites le long d'un chemin vicinal de *grande communication*, ou du Maire, si elles doivent avoir lieu le long d'un chemin vicinal d'embranchement, ou d'un chemin vicinal de *petite communication*, ou d'un chemin rural.

Art. 3. — Les contraventions au présent arrêté seront constatées et poursuivies devant le tribunal compétent, conformément aux lois. — (Voy. *supra* n° 5, *infra* n° 59.)

Fait à le

Le Maire,

(59) La loi du 21 mai 1836 a placé les *chemins vicinaux* dans les attributions des Préfets. — En exécution de l'art. 21 de cette loi, il a été fait pour chaque département, un réglement général sur cet objet. Dans le département de l'Oise, ce réglement est en date du 20 janvier 1845, approuvé par M. le Ministre de l'intérieur le 19 février suivant, et publié par la voie du Recueil des Actes administratifs, n° 32 de 1845. — Les Maires n'ont donc pas qualité pour faire des arrêtés de police touchant cette partie de la voirie. — Ils peuvent seulement, ainsi que les y autorise

l'art. 46 du titre 1er de la loi du 19-22 juillet 1791, reproduit par l'art. 11 paragraphe 2, de la loi du 18 juillet 1837, publier de nouveau le réglement préfectoral ou partie de ce réglement, et *rappeler les concitoyens à son observation.*

POLICE RURALE

---

60. ***Arrêté sur les Bestiaux à l'abandon, sur la conduite des gros Bestiaux aux enfants, sur l'introduction des Troupeaux dans les champs moissonnés, etc.***

(*V. infra nos* 122, 123, 188).

Le Maire de la commune de

Vu l'art. 50 de la loi du 14-22 décembre 1789 ;

Vu la loi du 16-24 août 1790, titre XI, art. 3 et 4 ;

Vu l'art. 46, titre Ier de la loi du 19-22 juillet 1791 ;

Vu l'arrêté du 27 messidor an V.

Vu la loi du 28 septembre, 6 octobre 1791 ;

Vu l'art. 11 de la loi du 18 juillet 1837 ; — (Voy. *supra n°* 3.)

Considérant que l'autorité municipale doit particulièrement réglementer ce qui appartient à la police rurale, et rappeler aux habitants les prescriptions de la loi du 28 septembre, 6 octobre 1791, ci-dessus visée ;

Arrête :

Art. 1er. — Il est défendu de laisser les animaux ou bestiaux à l'abandon en quelque lieu que ce soit, soit dans l'enceinte des habitations, soit dans un enclos rural, soit dans les champs ouverts.

Art. 2. — Tous les animaux ou bestiaux trouvés errants sur la voie publique, et dont le propriétaire ne sera pas connu seront mis en fourrière, où ils resteront pendant huit jours, s'ils ne sont réclamés.

Art. 3. — Il est enjoint à toutes personnes à cheval ou en voiture qui passent près des bestiaux, de modérer leur course, afin de ne point les blesser sur les chemins.

Art. 4. — Il est défendu de confier à des enfants âgés de moins de 12 ans, la conduite de troupeaux de gros bétail. Dans tous les cas, les bœuf reconnus pour être vicieux et les taureaux, menés au paturage, à l'abreuvoir ou ailleurs, seront entravés.

Art. 5. — Il est enjoint à tous pâtres et bergers de ne mener ou laisser introduire les troupeaux d'aucune espèce dans les champs moissonnés et ouverts, que deux jours après l'enlèvement de la récolte.

Art. 6. — Défenses sont faites à tous conducteurs de bestiaux, revenant des foires ou les menant d'un lieu à un autre, de les laisser pacager dans les champs et sur les biens communaux.

Art. 7. — Tous bestiaux ou animaux morts naturellement seront enfouis, dans la journée, à 1 mètre 50 centimètres de profondeur, dans le terrain du propriétaire, ou dans celui qui sera désigné par le Maire.

Art. 8. — Les contraventions au présent arrêté seront constatées et poursuivies devant le tribunal compétent, conformément aux lois. (Voy. *supra n* 5).

Fait à le

Le Maire,

Fourrière.

61, — Il est du devoir des Maires d'établir des fourrières. — (*L.* 28 *septembre* 6 *octobre* 1791, *tit.* 2, *art.* 12.)

62. — Le propriétaire qui éprouve du dommage peut saisir, de son autorité privée, les bestiaux, de toute espèce laissés à l'abandon dans son champ; mais à la charge de les faire conduire dans les 24 heures au lieu de dépôt désigné par la municipalité. — (*L.* 28 *septembre* 6 *octobre* 1791, *tit.* 2 *art.* 12.)

63. — Il faut que les bestiaux aient été *laissés*

à l'abandon. — Si le maître ou le gardien était présent, le propriétaire du champ ne serait plus autorisé à s'en emparer.

64. — Il est satisfait aux dégâts par la vente des bestiaux, s'ils ne sont pas réclamés, ou si le dommage n'a point été payé dans la huitaine du délit. — (*Même loi, même article.*)

65. — La vente a lieu conformément aux art. 39 et 40 du décret du 18 juin 1811, ainsi conçus :

Les animaux et tous objets périssables, pour quelque cause qu'ils aient été saisis, ne pourront rester en fourrière ou sous le séquestre plus de huit jours. Après ce délai, la main-levée provisoire pourra être accordée. S'ils ne doivent ou ne peuvent être restitués, ils seront mis en vente, et les frais de fourrière seront prélevés sur le produit de la vente, par privilége et préférence à tous autres.

La main-levée provisoire des animaux saisis et des objets périssables mis en séquestre sera ordonnée par le juge de paix ou par le juge d'instruction, moyennant caution, et le paiement des frais de fourrière et de séquestre. Si lesdits objets doivent être vendus, la vente en sera ordonnée par les mêmes magistrats. Cette vente sera faite à l'enchère, au marché le plus voisin, à la diligence de l'administration de l'enregistrement. Le jour de la vente sera indiqué par affiches, 24 heures à l'avance, à moins que la modicité de l'objet ne détermine le magistrat à en ordonner la vente sans formalités ; ce qu'il exprimera dans son ordonnance. Le produit de la vente sera versé dans la caisse de l'administration de l'enregistrement, pour en être disposé ainsi qu'il sera ordonné par le jugement définitif.

—

66. *Arrêté établissant une Fourrière.*

(*V. infra* nos 122, 123, 188.)

—

Le Maire de la commune de

Vu l'art. 50 de la loi du 14-22 décembre 1789 ;

Vu la loi du 16-24 août 1790. titre XI, art. 3 et 4 ;

Vu l'art. 46, titre 1er, de la loi du 19-22 juillet 1791 ;

Vu l'art. 12 titre II, de la loi du 28 septembre 6 octobre 1791 ;

Vu les art. 39 et 40 du décret du 18 juin 1811 ;

Vu l'art. 11 de la loi du 18 juillet 1837; (Voy. *supra* n° 3.)

Considérant qu'il est du devoir des Maires d'établir des fourrières ;

ARRÊTE :

Art. 1er. — Les bestiaux en général, saisis ou abandonnés, seront mis en fourrière chez . . .

Art. 2. — Il seront visités dans les 24 heures

de leur arrivée à la fourrière, par (*le garde-champêtre ou le commissaire de police*), qui veillera à ce qu'ils soient bien soignés.

Art. 3. — Ces bestiaux ne pourront être rendus au propriétaire que sur la permission du (*garde-champêtre ou du commissaire de police*), et en payant les frais de nourriture et de garde.

Art. 4. — S'ils ne sont pas réclamés dans les huit jours du dépôt, la vente en sera faite aux enchères, conformément aux art. 39 et 40 du décret du 18 juin 1811, ci-dessus visés.

Art. 5. — La ration des animaux, pour vingt-quatre heures de séjour, sera :

Pour un cheval, . . . litres d'avoine; . . . botte de foin ; . . . botte de paille ; — pour un mulet. . . . litres d'avoine ; . . . botte de foin . . . . . botte de paille ; — pour un âne, ... botte de luzerne ; . . . . botte de paille ; . . . . litres de son. — Pour un bœuf ou une vache, ... litres de son ; . . . . botte de luzerne. — Pour une chèvre ou un mouton, . . . litres de son; . . . botte de luzerne. — Pour un porc, ... décalitres de son.

Fait à le

Le Maire,

67. Arrêté sur l'Echenillage.

(V. *infra* nos 122, 123, 188.)

—

Le Maire de la commune de

Vu l'art. 50 de la loi du 14-22 décembre 1789;

Vu la loi du 16-24 août 1790, titre XI, art. 3 et 4 ;

Vu l'art. 46, titre Ier de la loi du 19-22 juillet 1791 ;

Vu la loi du 28 septembre 6 octobre 1791 ;

Vu la loi du 16 mars 1796 ;

Vu la loi du 26 ventôse, an IV ;

Vu l'art. 11 de la loi du 18 juillet 1837 ; — (Voy. *supra* n° 3.)

Considérant que l'autorité municipale doit particulièrement réglementer ce qui tient à la police rurale, et rappeler aux habitants les prescriptions de la loi du 28 septembre 6 octobre 1791, ci-dessus visée ;

ARRÊTE :

Art. 1er. — Il est enjoint à tous propriétaires, fermiers ou locataires de terrains, d'écheniller ou de faire écheniller les arbres, haies et buissons, qui sont sur leursdits terrains.

Art. 2. — L'échenillage sera terminé avant le 20 février de chaque année.

Art. 3. — Faute, par les propriétaires, fermiers ou locataires de l'avoir effectué à cette époque, il y sera pourvu d'office, à leurs frais, par M. le Maire. Les frais seront réglés par M. le juge de paix du canton de . . . sur les mémoires des ouvriers employés.

Art. 4. — Il est enjoint également de brûler sur-le-champ, à la distance de 100 mètres de toute habitation, ou de meules de fourrage, etc. etc., les bourses et toiles provenant desdits arbres, haies et buissons, en prenant d'ailleurs les précautions nécessaires pour prévenir le danger du feu.

Art. 5. — Les contraventions au présent arrêté seront constatées et poursuivies devant le tribunal compétent, conformément aux lois. (Voy. *supra* n° 5.)

Fait à le

Le Maire.

—

EPIZOOTIE.

68. *La Morve du Cheval se communique à l'homme. — Ce fait est aujourd'hui reconnu et constaté.*

69. ***Arrêté pour prévenir les funestes effets de l'Epizootie.***

(*V. infra* n°s 122, 123, 188.)

Le Maire de la Commune de

Vu l'art. 50 de la loi du 14-22 décembre 1789 ;

Vu la loi du 16-24 août 1790 ;

Vu la loi du 19-22 juillet 1791 ;

Vu la loi du 28 septembre 6 octobre 1791 ;

Vu la loi du 27 messidor, an V ;

Vu l'art. 11 de la loi du 18 juillet 1837 ; — (Voy. *supra* n° 3.)

Considérant qu'il est reconnu et constaté que la morve du cheval se communique à l'homme ; qu'il est du devoir de l'autorité municipale de prévenir les funestes effets de cette contagion ;

Arrête :

Art. 1er. — Tout propriétaire ou détenteur de moutons, bêtes à cornes, chevaux ou autres animaux atteints ou présentant des symptômes de maladies contagieuses, est tenu d'en faire immédiatement la déclaration à la mairie, et d'en indiquer le nombre.

Art, 2. — Il est défendu de laisser vaguer les animaux malades dans les parcours et sur les routes, et de les laisser communiquer avec les animaux qui sont sains.

Art. 3. — Il est enjoint de les faire marquer d'un signe particulier, et de les faire placer dans des bergeries, étables ou écuries, non-seulement assez isolées pour que la contagion ne puisse atteindre les animaux bien portants, mais encore très-saines, et suffisamment larges pour que le traitement et le pansement soient faciles.

Art. 4. — Il est enjoint aux propriétaires de faire, ou de laisser procéder à l'abattage de ceux de leurs animaux dont l'expert-vétérinaire aura déclaré la maladie incurable.

Art. 5. — Les écuries, bergeries, étables, bouveries, etc., dans lesquelles auront séjourné les animaux atteints de maladies contagieuses, seront aérées et purifiées par les procédés prescrits à cet effet.

Art. 6. — Ces locaux ne pourront être occupés par d'autres animaux, qu'après qu'il aura été constaté, en présence d'un expert - vétérinaire, que les causes d'infection n'existent plus.

Art. 7. — Ces dispositions sont applicables aux équipages, harnais, colliers, et aux objets à l'usage habituel des animaux malades.

Art. 8. — Il est défendu de coucher, ou de faire coucher qui que ce soit dans les locaux où il se trouverait des animaux atteints de maladies contagieuses.

Art. 9. — S'il y a un gardien de nuit, la chambre de ce gardien devra être établie de manière qu'elle ne soit pas en communication avec les lieux infectés, et que la surveillance s'exerce au moyen d'un chassis vitré.

Art. 10. — Il est défendu de jeter dans les bois ou dans les rivières, le corps des animaux morts de maladie contagieuse et de les enterrer dans les étables, cours et jardins.

Art. 11. — Tout animal mort de maladie contagieuse sera enfoui immédiatement par les soins du propriétaire, dans une fosse de 2 mètres 60 centimètres de profondeur, et à 100 métres au moins de toute habitation. La peau de l'animal devra être tailladée en plusieurs parties, et il devra être recouvert de toute la terre sortie de la fosse.

Art. 12. — Les contraventions au présent arrêté seront constatées et poursuivies devant le tribunal compétent, conformément aux lois. — (Voy. *supra* n° 5).

Fait à le .

Le Maire,

70. *Arrêté sur le Glanage, le Ratelage et le Grapillage.*

(*V. Infra* n°s 162, 163, 164, 122, 123, 188.)

—

Le Maire de la commune de

Vu la loi du 14-22 décembre 1789 ;

Vu la loi du 16-24 août 1790 ;

Vu la loi du 19-22 juillet 1791 ;

Vu la loi du 28 septembre 6 octobre 1791 ;

Vu l'art. 11 de la loi du 18 juillet 1837 ; — (Voy. *supra* n° 3).

Considérant que l'autorité municipale doit particulièrement réglementer ce qui tient à la police rurale, et rappeler aux habitants les prescriptions de la loi du 28 septembre 6 octobre 1791, ci-dessus visée ;

ARRÊTE :

Art. 1er. — Il est défendu de glaner, rateler ou grapiller, sans être muni d'une autorisation du Maire.

Art. 2. — Il est défendu à tous glaneurs, rateleurs et grapilleurs, d'entrer dans les champs, prés et vignes récoltés et ouverts, avant l'entier enlèvement des fruits.

Art. 3. — Le glanage, le ratelage et le grapillage sont interdits dans tout enclos rural, tel qu'il est défini par l'art 6, section 4 titre 1er, de la loi du 28 septembre 6 octobre 1791, ci-dessus visée.

Art. 4. — Les contraventions au présent arrêté seront constatées et poursuivies devant le tribunal compétent, conformément aux lois. — (Voy. *supra* n° 5).

Fait à le

Le Maire,

---

71. *Arrêté sur la fermeture des Colombiers.*

(*V. infra* nos 122, 123, 188.)

Le Maire de la commune de

Vu l'art. 2 du décret du 4 août 1789 ;

Vu la loi du 14-22 décembre 1789 ;

Vu la loi du 16-24 août 1790 ;

Vu la loi du 19-22 juillet 1791 ;

Vu la loi du 28 septembre 6 octobre 1791 ;

Vu l'art. 11 de la loi du 18 juillet 1837 ; — (Voy. *supra* n° 3).

Considérant que l'autorité municipale doit particulièrement réglementer ce qui tient à la police rurale, et rappeler aux habitants les prescriptions de la loi du 28 septembre 6 octobre 1791, ci-dessus visée ;

ARRÊTE :

Art. 1er. — Tout propriétaire de pigeons est tenu de les tenir renfermés et de fermer ses colombiers du . . . . au . . . et du . . . au . . . de chaque année.

Art 2. — Faute, par les propriétaires de pigeons, de les tenir renfermés aux époques précitées, toute personne pourra les détruire sur ses récoltes ; laquelle destruction ne pourra avoir lieu qu'au moment du dégât, mais sans pouvoir emporter les pigeons, et en se conformant du reste à la loi du 3 mai 1844, sur la police de la chasse.

Art. 3. — Les contraventions au présent arrêté seront constatées et poursuivies devant le tribunal compétent, conformément aux lois. — (Voy. *supra n° 5 et infra n°* 72).

Fait à le

Le Maire.

(72) Divers arrêts de la cour de cassation, et notamment celui du 5 février 1844, dont les termes sont formels, ont reconnu obligatoires les arrêtés pris par les Maires, en exécution du décret du 4 août 1789, sur la fermeture des colombiers. Mais il est évident que la défense de laisser sortir les pigeons, doit être restreinte dans de justes limites ; c'est seulement pendant les semailles et pendant les récoltes qu'on peut obliger les propriétaires à fermer leurs colombiers.

—

73. Arrêté sur les Plantations d'Arbres et de Haies.

(*V. infra* nos 122, 123, 188.)

—

74. La distance pour la plantation des arbres et des haies est réglée par l'usage, à défaut par la loi. — Art. 671, c. civ.

—

Le Maire de la commune de

Vu la loi du 14-22 décembre 1789 ;

Vu la loi du 16-24 août 1790 ;

Vu la loi du 19-22 juillet 1791 ;

Vu l'art. 671 du code civil ;

Vu l'art. 11 de la loi du 18 juillet 1837 ; — (Voy. *supra n°* 3).

ARRÊTE :

Art. 1er. — Les plantations d'arbres et de haies, au bord des chemins ruraux, ou des rues de cette commune, qui font partie de la petite voirie, ne pourront avoir lieu qu'avec l'autorisation du Maire, et à la distance prescrite ci-après, savoir :

De deux mètres de la ligne séparative des deux héritages ou de la voie publique, faisant partie de la petite voirie, pour les arbres à haute tige, et à un demi-mètre pour les autres arbres et haies vives.

Art. 2. — Les plantations faites avant la publication du présent arrêté, à des distances moindres que celles ci-dessus fixées, pourront être conservées, mais elles ne pourront être renouvelées qu'en observant ces distances.

Art. 3. — Quant aux arbres existants sur le sol même des chemins, ils devront être abattus et enlevés à la première réquisition du Maire. Si l'abattage et l'enlèvement n'ont pas eu lieu dans les délais qui seront ultérieurement fixés, il y sera pourvu d'office.

Les frais seront prélevés sur le produit de la coupe, dont le montant sera versé dans la caisse municipale, et tenu à la disposition du propriétaire.

Art. 4. — Les contraventions au présent arrêté seront constatées et poursuivies devant le tribunal compétent, conformément aux lois. — (Voy. *supra* n° 5).

Fait à le

Le Maire,

---

75. *Arrêté sur les Elagages.*

(*V. infra* nos 122, 123, 188)

Le Maire de la commune de

Vu la loi du 14-22 décembre 1789;

Vu la loi du 16-24 août 1790;

Vu la loi du 19-22 juillet 1791;

Vu la loi du 28 septembre 6 octobre 1791 :

Vu l'art. 11 de la loi du 18 juillet 1837 ; — (Voy. *supra* n° 3).

Considérant que la police rurale est rangée par la loi au nombre des objets que le Maire doit réglementer dans ses arrêtés ;

ARRÊTE :

Art. 1er. — Tous les ans du . . . . au . . . . . les arbres de toute espèce et les haies vives existant sur le bord des chemins, rues et places publiques de cette commune, qui font partie de la petite voirie, seront élagués à ciel ouvert et à toute hauteur, de manière qu'aucune branche ne dépasse la ligne d'aplomb correspondant au bord extérieur du chemin, de la rue ou de la place publique.

Art. 2. — Les haies vives seront réduites à . . mètre . . . centimètres au-dessus de la hauteur naturelle du sol du chemin, de la rue ou de la place publique.

Art. 3. — Les racines, obstruant ou embarrassant la voie publique, seront recepées.

Art. 4.— Faute par les propriétaires d'avoir effectué ces opérations dans le délai ci-dessus prescrit, il y sera pourvu d'office, et à leurs frais.

L'exécutoire des frais d'élagage et de recepage sera délivré au Maire par le juge de paix, sur le mémoire des ouvriers, et sans que le paiement de ces frais puisse dispenser les contrevenants de l'amende qu'ils auront encourue pour infraction au présent arrêté.

Art. 5. — Le présent arrêté sera affiché dans la commune, aux lieux accoutumés, et publié chaque année, pendant deux dimanches consécutifs.

Fait à le

Le Maire,

DU PARCOURS

ET DE

LA VAINE PATURE.

---

76. Nous croyons devoir reproduire les observations suivantes, faites par M. Pardessus, dans son *Traité des Servitudes*, tom. 1er, nos 229 et suiv.

77. L'origine de la vaine pâture, peut être attribuée à un consentement des propriétaires d'une même commune, pour leur commodité respective ; peut-être aussi à l'intérêt qu'inspiraient les besoins du pauvre. Dans quelques parties de la France, elle était un droit qui constituait une servitude légale à laquelle il n'était pas permis de se soustraire ; dans le plus grand nombre, une simple faculté fondée sur le défaut d'intérêt que le propriétaire semblait avoir à s'y refuser, tant il n'avait point disposé son héritage, de manière à annoncer qu'il ne voulait plus user de tolérance.

78. L'art. 3 de la section 4 du titre 1er de la loi du 28 septembre 6 octobre 1791, a substitué a la variété des coutumes et des usages locaux sur cette matière une règle uniforme, quoique provisoire, d'aprés laquelle la vaine pâture est maintenue, seulement dans les lieux où elle est fondée sur un titre particulier, sur la loi ou sur une possession immémoriale.

79. Le mot *loi* dont se sert l'art. 3 de la section 4 du titre 2 de la loi du 28 septembre 6 octobre 1791, désigne évidemment des actes directement émanés du roi, ou des seigneurs, qui étaient souverains de quelques provinces, avant leur réunion à la couronne ; et surtout les coutumes locales, dûment homologuées par des actes de l'autorité souveraine ou par les parlements qui, à cet égard, exerçaient cette autorité. Elles avaient le véritable caractère de lois, ainsi que le reconnaît l'art. 3 de la loi du 1er décembre 1790, portant que la contravention à ces coutumes est un moyen de cassation. Elles l'ont conservé, nonobstant l'abrogation générale portée dans l'art. 7 de la loi du 30 ventôse an 12, puisque cette abrogation ne porte que sur les matières régies par le code civil, et que précisément l'art. 647 de ce code, en permettant de se soustraire à la vaine pâture, dans certains cas, suppose que la loi du 28 septembre 6 octobre 1791, continue de régir la matière, dans les cas non exceptés.

80. Mais à défaut d'une loi ou d'une coutume

expresse, l'art. 3 de la section 4 du titre 1er de la loi du 28 septembre 6 octobre 1791, autorise, comme on l'a vu, l'exercice de la vaine pâture, lorsqu'il est réclamé en vertu d'un usage immémorial, encore bien que la loi du lieu où l'on prétend l'exercer n'admet point la prescription comme titre, pour acquérir des servitudes discontinues.

81. La possession immémoriale est celle dont aucun homme vivant n'a vu le commencement, dont il a appris l'existence par ses ancêtres, et dont il n'a rien appris de contraire, de quelqu'un qui l'ait vu ou qui l'ait entendu dire de ceux qui l'auraient vu. Cette définition exclut toute limitation de temps; elle se rapporte au fait qu'aucune personne vivante n'en a vu le commencement, et n'a entendu dire à qui que ce soit qu'il l'ait vu. Ainsi, pour prouver un usage immémorial, les témoins doivent déposer qu'ils ont vu, ou qu'ils ont ouï dire que l'exercice avait lieu sur le pied actuel; que l'opinion commune est, et a toujours été telle; que cet usage n'a jamais été contesté, et qu'ils n'ont pas mémoire de son commencement. Pour détruire cette preuve, il faut que les témoins adverses disent qu'en *tel* temps, ils ont vu des actes contraires, ou qu'ils savent, ou qu'ils ont appris de leurs ancêtres, qu'il en a été fait autrefois.

82. Les témoins doivent faire connaître ceux à qui ils ont entendu parler des faits de possession dont ils déposent, parce qu'il est convenable

qu'on puisse établir la confiance due à ces personnes. Mais quoique les témoins déposent de faits divers qu'ils tiennent chacun de différentes personnes, leurs témoignages ne sont pas reputés singuliers, parce qu'il n'est pas nécessaire que chaque témoin dépose d'une possession immémoriale complète ; il suffit qu'elle résulte clairement du rapprochement de toutes les dépositions.

83. Quant à l'époque à laquelle il faut se reporter pour prouver l'usage de la vaine pâture dans une commune, il est évident qu'elle doit être antérieure à la loi du 28 septembre 6 octobre 1791. Quelque longue et constante qu'ait été une possession dont les faits n'auraient eu lieu que depuis cette loi, sans se reporter à une possession antérieure, la preuve en serait inutile, car le législateur n'a pas dit qu'il autorisait à acquérir dorénavant la vaine pâture, par la possession, mais qu'il conservait celle qui était déjà acquise.

84. Il existe des réglements locaux divers et nombreux qui ont déterminé le mode d'exercice de la vaine pâture. Il suffit, à cet égard, de dire que, conformément à l'art. 18 de la section 4 du titre 1er de la loi du 28 septembre 6 octobre 1791, si une circonscription nouvelle de communes avait réuni à l'une, des fractions de territoire précédemment soumises à des usages différents, la plus petite partie devrait suivre la loi

de la plus grande ; et que l'administration est seule compétente pour statuer sur ce point.

85. Mais il est convenable de faire connaître les dérogations générales que la législation nouvelle a apportées aux réglements locaux, en telle sorte qu'ils ne sont réputés avoir conservé leur force qu'en tout ce qui n'est pas contraire à cette législation.

86. Ainsi, quels que fussent les usages anciens, la vaine pâture ne peut, aux termes de l'art. 9 de la section 4 du titre 1er de la loi du 28 septembre 6 octobre 1791, être exercée sur des terrains en prairies artificielles, ni sur aucune terre ensemencée ou couverte d'une production quelconque qu'après l'extraction de la récolte ; ni d'après l'art. 10 sur les premières herbes des prairies naturelles. Suivant l'art. 24 du titre 2 de la même loi, la vaine pâture ne peut etre exercée, en aucun temps, dans les prairies artificielles, dans les vignes, oseraies, dans les plants de capriers, dans ceux d'oliviers, de mûriers, de grenadiers, d'orangers et arbres du même genre, dans tous les plants ou pépinières d'arbres fruitiers ou autres, faits de main d'homme. L'art. 38 du même titre étend cette prohibition aux bois taillis, et par conséquent s'en réfère, pour ce qui concerne les futaies, aux usages ou réglements locaux.

87. L'art. 12 de la section 4 du titre 1er, abroge les usages locaux qui ne permettaient pas à un propriétaire de faire conduire par un pâtre

de son choix, la quantité de bestianx qu'il avait droit d'envoyer à la vaine-pâture. L'art. 13 maintient les usages sur la détermination du nombre proportionnel de bestiaux qu'il est permis d'envoyer, et à défaut de réglement, il confie cette détermination au conseil municipal; mais l'art. 14 ajoute, que les habitants de la commune, non propriétaires ou fermiers de terrains qui leur donnent droit à une participation à la vaine pâture, peuvent cependant y envoyer jusqu'au nombre de six bêtes à laine, et d'une vache avec son veau, sans préjudice des droits plus étendus que des réglements locaux leur accorderaient.

88. L'art. 15 déclare qu'il n'est pas nécessaire d'être domicilié dans la commune, pour exercer le droit de vaine pâture proportionné à la quantité de terre qu'on y exploite comme fermier ou propriétaire ; mais il interdit aux forains de céder ce droit à qui que ce soit.

89. On pourrait, avec quelque apparence de fondement, conclure de cette dernière disposition, que les domiciliés ont seuls la faculté de céder leurs droits. Mais il paraît plus exact de dire que la prohibition faite aux non domiciliés a plutôt pour objet de prévenir une fausse interprétation de leur part, que d'introduire un droit nouveau en faveur des domiciliés, à qui des réglements locaux n'accorderaient pas expressément la faculté de céder leurs droits. Si ces réglements l'accordaient simplement, sans dire si la cession peut être faite à des domiciliés ou à

des étrangers, ces derniers en devraient être exclus.

90. Rien, dans la loi du 28 septembre 6 octobre 1791, ne semble interdire, à moins de réglements locaux qui auraient prévu ce cas, à un fermier ou à un propriétaire exploitant, domicilié ou non, la faculté de prendre emplacement, lorsqu'ils n'ont point en propriété une quantité de bestiaux proportionnée à leur exploitation ; mais ils ne doivent prendre ainsi que les bestiaux utiles et nécessaires à l'exploitation de leurs cultures, et non ceux destinés simplement à être mis dans leur commerce.

91. On pourrait objecter à ce sentiment, la difficulté de distinguer le bétail destiné à l'exploitation, de celui qui serait destiné à la vente, et l'embarras des contestations qui en résulteraient. Mais la précaution de déterminer la quantité proportionnelle que chacun a le droit de faire paître, en raison des terres qu'il exploite, l'attention de veiller à ce que personne ne l'excède, sont suffisants pour prévenir les abus. Les bouchers avaient été exceptés de cette interdiction par un arrêt de réglement de 1721, dont la décision ne semble pas devoir être suivie d'après l'avis du conseil-d'état du 3 frimaire, an XII.

92. Ces notions suffisent pour donner une juste idée de la vaine pâture, qui n'est point, comme on doit le reconnaître, une servitude proprement dite, mais une tolérance supposée

par la loi, tolérance dont, il est vrai, cette loi impose l'obligation, mais en assurant à tout propriétaire le droit de s'y soustraire par la clôture.

93. Le parcours, qui n'est que cette même vaine pâture, exercée par une commune sur une autre, ne pouvant pas être aussi facilement supposé avoir pour cause un consentement tacite entre les propriétaires de ces communes diverses, n'a pas été vu d'un œil aussi favorable. L'art. 2 de la section 4 du titre 1er de la loi du 28 septembre 6 octobre 1791, abolissant tous les anciens usages contraires, ne le considère que comme une véritable servitude, qui doit être justifiée par un titre ou par la prescription, dans les lieux qui, avant la promulgation du code civil, admettaient ce mode d'acquérir les droits de pâturage.

94. Nous pensons que, par *Titres*, la loi a entendu des conventions intervenues entre les communes voisines, qui ont consenti à établir entre elles cette réciprocité. Si une convention de ce genre existe, les propriétaires d'une de ces communes ne peuvent refuser de souffrir l'exercice de la vaine pâture par les bestiaux qu'envoient ceux de l'autre commune, sous prétexte qu'ils n'y ont point individuellement consenti, par eux ou par leurs auteurs.

95. A défaut de conventions qui doivent être produites, et que les tribunaux apprécieront suivant les principes du droit commun, la possession peut être invoquée, mais seulement dans les

lieux où la coutume permettait d'acquérir ainsi le parcours, et lorsque cette possession a subsisté sans interruption pendant le temps exigé. Dans les autres lieux, le parcours est réputé n'avoir été que l'effet d'une tolérance que la loi du 28 septembre 6 octobre 1791 a abolie, sans imposer la condition de clôture, comme pour la vaine pâture, sur le territoire de la même commune.

96. Cette acquisition du droit de parcours respectif entre des communes voisines, les met en compascuité sur les héritages qui, dans chacune de ces communes, sont susceptibles de vaine pâture, d'après les règles expliquées ci-dessus. Cette compascuité est réglée par les titres ou par le mode d'exercice qui les a expliqués depuis un temps assez long pour produire cet effet. Mais le caractère primitif de vaine pâture, que le parcours a simplement pour objet d'étendre au-delà des limites des communes respectives, est toujours subsistant; et par conséquent, tout propriétaire qui, dans une de ces communes, prend les mesures convenables pour y soustraire son héritage, n'est plus tenu de la supporter ni envers les autres propriétaires ou habitants de la commune, ni envers ceux de la commune voisine que le parcours mettait en compascuité avec la sienne.

---

97. *Reglement sur le Parcours et la vaine Pâture.*

(*V. infra* nos 98, 99, 182 *à* 186, 197 *à* 201.)

—

(98) Des dispositions des art. 17, 19 n° 8, et 20 de la loi du 18 juillet 1837, il résulte que toutes les mesures concernant le pâturage, doivent être proposées par le conseil municipal.

(99) Les réglements ruraux doivent être concis et clairs, pour que les habitants puissent les comprendre, et ne pas y contrevenir par ignorance ; pour cela, il importe d'éviter de renvoyer d'un réglement à un autre antérieur, et surtout à des usages qui ne sont pas écrits, ce qui, en cas de contravention, nécessite des enquêtes coûteuses.

L'an . . . .

Le conseil municipal de la commune de. . . . . réuni au lieu ordinaire de ses séances, sous la présidence de M. le maire.

Présents : MM. . . . .

lesquels forment la totalité (*ou la majorité*) des membres en exercice ;

M. le maire a exposé que . . . .

Et il a invité le conseil municipal à délibérer ;

LE CONSEIL :

Vu les art. 3, 9, 12, 13, 14 et 15, section 4,

titre Ier, et 23 et 24, titre II de la loi du 28 septembre 6 octobre 1791;

Vu les art. 17, 19 n° 8, et 20 de la loi du 18 juillet 1837;

Considérant . . . .

ARRÊTE :

Art. 1er. — Tout propriétaire ou fermier ne pourra mettre au troupeau commun, ou faire garder par troupeau séparé que la quantité de . . . . . bêtes à laine par hectare de terrain qu'il exploitera sur le territoire de cette commune. — Sans préjudice et sous la réserve de tous les droits résultant des dispositions de l'art. 14, section 4, titre Ier de la loi du 28 septembre 6 octobre 1791, en faveur de tout chef de famille qui ne serait ni propriétaire ni fermier de terrains sujets au parcours et à la vaine pâture. (100)

(100) Dans le département de l'Oise, l'on ne peut accorder, moins de deux têtes par hectare, suivant l'avis émis par le conseil général de ce département, dans son procès-verbal de la session de 1840.

Art. 2. — Il sera assigné à celui qui demandera la séparation du troupeau commun, une portion de terrain égale à son exploitation sur le territoire de la commune. (101, 102, 103)

(101) Faculté accordée par l'art. 12, section 4, tit. 1er de la loi du 28 septembre 6 octobre 1791.

(102) Si, pour éviter des rixes entre le berger de celui qui use de la faculté de l'art. ci-dessus, et celui de la

commune, le conseil municipal juge nécessaire d'opérer une dissolution de l'association pour l'exercice de la vaine pâture, il blesserait l'équité, s'il lui attribuait à titre de cantonnement, un terrain beaucoup plus considérable que celui qu'il exploite et qui forme son apport ou mise en fonds social, il serait en opposition au principe consacré par l'art. 1853 du code civil.

(103) Loin que celui qui fait garder ses bestiaux séparément ait droit à un cantonnement supérieur en superficie à son exploitation, il peut au contraire subir une réduction, eu égard à l'avantage qu'accorde l'art. 14 du titre 1er de la loi du 28 septembre 6 octobre 1791, à chaque habitant qui n'exploite pas, d'envoyer à la vaine pâture, 6 bêtes à laine, une vache et un veau.

Art. 3. — Les propriétaires ou fermiers exploitant des terres sur cette commune, sujettes au parcours ou à la vaine pâture, mais dans laquelle ils ne seraient pas domiciliés, auront le droit de mettre dans le troupeau commun ou de faire garder par troupeau séparé, une quantité de têtes de bétail proportionnée à l'étendue de leur exploitation et suivant les dispositions de l'art. 12 de la section 4 du titre Ier de la loi du 28 septembre 6 octobre 1791 ; mais dans aucun cas, ces propriétaires ou fermiers ne pourront céder leurs droits à d'autres. (104)

(104) Art. 15, section 4, tit. 1er de la loi du 28 septembre 6 octobre 1791.

Art. 4. — Le pâturage s'exercera, savoir :

A l'égard des moutons, en tout temps, sur les terres arales ou les jachères, sur celles qui auront reçu les premières façons de labour, sur toutes les terres où il croît des herbes, et en entre, conformément à un usage immémorial (si *le droit résulte d'un titre, il convient de l'énoncer*) à partir de...... jusqu'au....... dans (*indiquer les lieux.*)

A l'égard des bêtes à cornes, des chevaux, mulets et ânes, à partir de.... jusqu'au..... dans (*indiquer les lieux.*) (105, 106, 107, 108, 109, 110, 111)

(105) Le conseil municipal a bien la faculté de régler les terrains qui seront affectés à la dépaissance des moutons, et ceux qui seront réservés pour les gros bestiaux ; mais il n'a pas le pouvoir de décider qu'il n'y aura qu'un seul troupeau pour chacune de ces espèces, puisque l'art. 12 section 4 titre 1er de la loi du 28 septembre 6 octobre 1791, accorde à tout propriétaire ou fermier, la faculté de faire garder séparément ses bestiaux.

(106) Il doit, 1° Examiner si la vaine pâture doit être exercée en tous temps sur les terres en jachère, ou ayant reçu les premières façons de labour. — 2° S'expliquer sur les possesseurs de prés destinés aux moutons et aux gros bestiaux. — 3° Et faire connaître si les propriétés sur lesquelles doit s'exercer la vaine pâture sont *privées* ou *communales.*

(107) Si les propriétés sont *privées*, le conseil municipal ni le Maire ne peuvent les assujettir à la servitude de la

vaine pâture, qu'autant que cette servitude serait constituée par un titre ou par un usage immémorial, suivant le principe posé par l'art. 3, section 4 titre 1er de la loi du 28 septembre 6 octobre 1791, et dans le cas même où cette servitude serait ainsi constituée, elle ne pourrait être exercée que conformément à l'art. 10 de la même section, c'est-à-dire après l'enlèvement de la première herbe.

(108) Si les propriétés privées sont assujetties au parcours et à la vaine pâture, le conseil municipal aura à s'expliquer sur les titres ou usages qui les y assujettissent.

(109) Il est urgent de fixer les époques auxquelles la vaine pâture commencera et cessera dans les prés privés, sujets à la vaine pâture.

(110) Si les propriétés soumises au parcours ou à la vaine pâture *sont communales*, le réglement devra être publié, conformément aux articles 1 et 2 de l'ordonuance royale du 18 décembre 1838, ainsi conçus :

Art. 1er. — Toutes les fois que les conseils municipaux auront pris une délibération, réglant l'un des objets énoncés dans l'art. 17 de la loi du 18 juillet 1837, le Maire devra, avant de la soumettre au Sous-Préfet, avertir les habitants, par la voie des annonces et publications usitées dans la commune, qu'ils peuvent se présenter à la commune pour prendre connaissance de ladite délibération, conformément à l'art. 25 de la loi du 21 mars 1831.

Art. 2. — L'accomplissement de cette formalité devra être constaté par un certificat du Maire, qui sera joint à la délibération transmise au Sous-Préfet.

(111) Si la publication soulève des réclamations, le conseil municipal examinera si elles sont fondées ou non, et fera ses observations.

Art. 5. — A partir du . . . . jusqu'au . . . . de chaque année, le pâturage s'exercera concurremment par les moutons et les bêtes à cornes, les chevaux, les mulets et les ânes, sur toutes les propriétés qui y sont soumises.

Art. 6. — Le pâturage est interdit sur les terrains clos de murs, palissades, fossés, haies vives ou sèches, sur les prairies artificielles, oseraies, taillis, plants et pépinières d'arbres à fruits et autres, ni sur les terres ensemencées, ou non encore dépouillées de leurs récoltes. (112)

(112) Art. 9 de la section 4 du tit. 1er, et 24 du tit. 2 de la loi du 28 septembre 6 octobre 1791.

Art. 7. — Les troupeaux ou autres bestiaux ne pourront être conduits ni introduits dans les champs moissonnés que deux jours après l'enlèvement des récoltes.

Art. 8. — Les marchands de bestiaux et les bouchers n'ont, à raison de l'exercice de leur profession, aucun droit à la vaine pâture. — Ils ne pourront donc envoyer de bestiaux à la vaine pâture, s'ils ne sont propriétaires ou exploitants; et s'ils sont propriétaires ou exploitants, ils ne pourront envoyer au-delà du nombre de bêtes que leur culture comporte d'après la fixation faite par l'article 1er du présent réglement. (113, 114)

(113) Ce n'est que par exception, que dans quelques communes, pour assurer un approvisionnement en viande, l'on a accordé aux bouchers la faculter de faire pâturer un certain nombre de bestiaux ; mais comme les bestiaux achetés en foire sont sujets à être infectés de maladies contagieuses, pour prévenir la propagation, l'on prend des mesures pour empêcher tout contact avec les troupeaux, et on leur assigne un cantonnement pour eux tous.

(114) Les bestiaux que les marchands conduisent aux foires et en ramènent, étant sujets aussi à être infectés, l'on doit également prendre des précautions pour en éviter le contact avec les autres troupeaux.

Art. 9. — Il est interdit aux propriétaires ou fermiers, qui seront en même temps bouchers ou marchands de bestiaux, d'unir le troupeau destiné à leur négoce à celui que, comme cultivateurs, ils peuvent envoyer à la vaine pâture, soit en troupeau séparé, soit au troupeau commun.

Les bestiaux destinés à la vaine pâture, seront marqués d'un signe particulier sur le dos. (115, 116)

(115) Le conseil municipal ne peut contraindre les propriétaires ou exploitants, à réunir leurs bestiaux au troupeau commun. Et s'il craint que l'existence de plusieurs troupeaux soit nuisible, si on les laisse parcourir en concurrence la totalité du territoire, il a la faculté de pro-

poser la division de ce territoire en cantonnements, et d'assigner à chaque propriétaire ou exploitant, qui voudra se séparer du troupeau commun, une portion proportionnée à son exploitation.

(116) C'est dans ce but, que lorsqu'un cultivateur est en même temps, boucher et marchand de bestiaux, il lui est interdit d'unir le troupeau destiné à son négoce, à celui que, comme cultivateur, il peut envoyer à la vaine pâture, soit en troupeau commun, soit au troupeau séparé.

Art. 10. — Les marchands de bestiaux et les bouchers, propriétaires ou exploitants, qui voudront envoyer leurs troupeaux à la vaine pâture, seront tenus d'en faire la déclaration à M. le maire.

Art. 11. — Chaque propriétaire d'animaux ou de bestiaux destinés au parcours et à la vaine pâture, aura un gardien âgé de 12 ans au moins.

Art. 12. — Aussitôt qu'un propriétaire ou fermier, boucher ou marchand de bestiaux, aura un troupeau malade, destiné à la vaine pâture, il sera tenu d'en faire la déclaration à la mairie, et il lui sera assigné un endroit pour l'y faire pâturer, et un chemin pour l'y conduire. (117)

(117) Arg. de l'art. 23 du titre 2 de la loi du 28 septembre 6 octobre 1791.

Art. 13. — Un troupeau atteint d'une maladie contagieuse, qui sera rencontré au pâturage sur les terres du parcours ou de la vaine pâture, autres que celles qui auront été désignées pour lui seul, pourra être saisi par le garde-champêtre, et même par toute personne ; il sera ensuite mené au lieu du dépôt qui sera à cet effet indiqué par le Maire. (118)

(118) Art. 23 ci dessus visé. — *V. supra* nos 61 *à* 67.

Art. 14. — Les animaux ou bestiaux qui seront trouvés errants ou abandonnés sur des terrains qui ne sont pas assujettis au parcours et à la vaine pâture, pourront aussi être saisis par le garde-champêtre, et même par toute autre personne ; et ils seront ensuite menés au lieu de dépôt, qui sera à cet effet indiqué par le Maire.

Cette disposition est commune aux bestiaux atteints d'une maladie contagieuse.

Art. 15. — L'heure du départ pour les bêtes à laine pendant le cours de l'année, est fixée, selon l'usage du pays, à . . . heures du matin, et la rentrée à la chûte du jour. Et pour les bêtes à cornes et autres bestiaux, à . . . heures du matin, et la rentrée à la chûte du jour.

Dans tous les cas, l'heure du départ sera annoncée chaque jour par un cornet (*ou à la voix*). (119)

(119) Il est bon de déterminer l'heure du départ et celle du retour ; et de quelle manière les habitants seront avertis, si ce sera au son du cornet ou à la voix.

Art. 16. — Les contraventions au présent réglement seront constatées et poursuivies devant le tribunal compétent, conformément aux lois. (Voy. *supra n*° 5.)

Art. 17 — Le présent réglement sera publié et affiché, après approbation de M. le Préfet.

Fait et délibéré en séance tenante au lieu ordinaire, à . . . . lesdits jour, mois et an que dessus.

Et les membres présents ont signé.

Ainsi signé au registre : . . . .

Pour copie conforme,

Le Maire de . . . .

JURISPRUDENCE

DE LA

COUR DE CASSATION

EN MATIÈRE DE

POLICE MUNICIPALE ET RURALE.

Affichage.

120. Lorsqu'un arrêté municipal défend de placer ostensiblement aucune enseigne, écriteau, inscription ou devise, sans la permission du Maire ou du commissaire de police, et prescrit que les affiches ou avis au public ne pourront être apposés que par l'afficheur public, il y a contravention à cet arrêté de la part du peintre qui, sans s'être pourvu d'une autorisation, et sans avoir recours à l'afficheur de la ville, peint une annonce sur la façade d'une maison. — (C. cass. 26 février 1842.) V. ENSEIGNE.

Alignements (forme des).

121. Les alignements doivent être donnés par écrit ; il ne peut y être suppléé par un certificat du Maire, portant qu'il avait donné l'alignement. (C. cass. 13 mars 1841, et 12 août suiv.) — Voy. *supra n°* 58.

Allées. — V. Maisons et Allées.

Arrêté municipal. — Réglement permanent. — Validité.

122. On sait qu'aux termes de l'art. 11, 3e alinéa, de la loi du 18 juillet 1837, les arrêtés municipaux portant réglement permanent, ne sont exécutoires qu'un mois aprés la remise de l'ampliation au Sous-Préfet. — Le tribunal de simple police doit, en conséquence, se refuser à appliquer une peine à raison d'une contravention qui aurait été commise le surlendemain seulement de la date de cet arrêté. (C. cass. 30 mai 1844.)

Arrêté municipal. — Publication. — Notification.

123. Les réglements ou arrêtés concernant l'universalité des habitants, sont les seuls qui aient besoin, pour être obligatoires, d'être publiés dans les formes ordinaires ; quant aux autres, il suffit de les notifier aux personnes qu'ils concernent. (C. cass. 9 mai 1844.) — Voy. Réglement.

Aubergistes. — Lanternes.

124. Est applicable aux auberges et hôtels

garnis, la disposition d'un arrêté municipal qui prescrit aux chefs de cafés, billards, estaminets *et autres lieux de débit de boissons*, de tenir une lanterne allumée à leur porte, depuis la fin du jour jusqu'à l'heure de la fermeture. Les auberges et hôtels garnis sont, en effet, destinés à donner à boire et à manger à tous ceux qui s'y présentent, soit pour y loger, soit pour y prendre seulement leurs repas. (C. cass. 28 mars 1844.) — Voy. *supra n° 1er et suivants.*

Autorisation pour construire.— Voy. CONSTRUCTION.

Balayage. — V. COUR COMMUNE.

Bals. — V. FÊTE PATRONALE.

Ban de Vendanges.

125. Aux Maires, et non aux conseils municipaux, appartient le droit de fixer le ban de l'ouverture des vendanges, dans les communes où existe cet usage. (C. cass. 16 décembre 1842).

126. Les arrêtés, par lesquels les Maires fixent les bans de vendanges, sont exécutoires sans approbation du Préfet. (C. cass. 16 décembre 1842).

Bestiaux — V. BOUCHERIE.

Billards. — V. AUBERGISTES.

Boucherie. — Etal. — Prix de la viande. — Vérification des viandes.

127. Est légal et obligatoire, l'arrêté municipal qui veut que les bouchers garnissent leurs étaux de *viande de bœuf, selon les désirs du*

consommateur. (C. cass. 11 septembre 1840, 17 mars 1841.)

128. Est légal et obligatoire, jusqu'à réformation par l'autorité supérieure, l'arrêté portant fixation du prix de la viande. (C. cass. 3 juillet 1841.)

129. Est légal et obligatoire, l'arrêté municipal qui prescrit que *toutes* viandes de boucherie apportées dans une ville, pour la consommation, seront conduites directement au marché, afin d'y être vérifiées. (C. cass. 13 mai 1841.)

Boucherie. — Viandes avariées. — Bestiaux abattus au dehors.

130. Est légal et obligatoire, l'arrêté municipal qui, pour remédier aux inconvénients résultant des grandes chaleurs, défend de mettre en vente des viandes avariées, et d'introduire en ville des bestiaux abattus au dehors. (C. cass. 22 décembre 1842.)

Boulangerie. — Taxe du pain.

131. Un usage local sur le prix du pain ne peut suppléer la taxe faite par le Maire, ni motiver, par suite, la condamnation du boulanger qui a vendu du pain au-dessus du cours admis par l'usage. (C. cass. 14 novembre 1840).

132. L'arrêté municipal qui fixe la taxe du pain, est exécutoire tant qu'il n'a pas été réformé, et indépendamment de l'approbation de l'autorité supérieure. (C. cass. 1er avril 1841.) — V. *supra* n° 40.

Bruits nocturnes. — Professions à marteau.

133. L'autorité municipale peut, par un arrêté, fixer le temps pendant lequel tous ceux qui exercent des professions à marteau dans la ville, seront tenus d'interrompre leurs travaux ; mais elle n'a pas le droit de déterminer certains lieux dans lesquels seulement pourront être exercées ces professions. (C. cass. 3 mars 1842.) — Voy. *supra* n° 17.

Cabarets. — Entrée des officiers de police. — Heure de clôture.

134. Les lieux publics, tels que les cafés et les cabarets, n'étant soumis à la surveillance des agents de la police administrative ou des officiers de police judiciaire, que pendant le temps où ils sont ouverts au public, il ne peut appartenir à l'autorité municipale d'autoriser des visites à toutes les heures de la nuit. (C. cass., 13 novembre 1841.)

135. Le cabaretier qui reçoit du monde chez lui, passé l'heure fixée par un arrêté municipal pour la clôture des cabarets, ne doit pas être renvoyé de la plainte par le motif que les personnes trouvées réunies étaient ses parents ou ses amis. (C. cass. 14 février 1840.)

136. Lorsque les buveurs ont été trouvés chez un marchand de vin, après l'heure à laquelle un arrêté municipal veut que les cabarets soient fermés, le tribunal ne peut refuser d'appliquer

la peine légale, en se fondant sur ce que le contrevenant exploite une voiture publique, à moins qu'il ne soit déclaré dans le jugement, que ces buveurs, attendant le départ de cette voiture, devaient y prendre place. (C. cass. 30 mai 1840.)

137. Lorsque des joueurs sont trouvés dans un café après l'heure de la clôture, la circonstance qu'ils n'étaient pas des étrangers, mais bien des personnes de la maison ou de la famille du cafetier, ne saurait faire disparaître la contravention dont il s'agit, lorsque l'arrêté du Maire n'autorise pas formellement une telle distinction. (C. cass. 5 juin 1841.)

138. Est légal et obligatoire, l'arrêté municipal qui fixe l'heure de la clôture des cabarets et autres lieux publics. (C. cass. 24 février 1842).

139. L'arrêté municipal qui fixe l'heure à laquelle les cabarets, cafés et autres lieux publics, devront être fermés, ordonne virtuellement, par voie de conséquence nécessaire, aux chefs de ces établissements, d'en faire sortir le public à l'heure prescrite. (C. cass. 12 mai 1842.)

140. Lorsqu'un arrêté municipal a fixé l'heure à laquelle les cafés et cabarets devront être fermés, le tribunal de police ne peut se refuser à appliquer la peine légale, par le motif que les personnes réunies chez le contrevenant, étaient étrangères à la ville. (C. cass. 10 juin 1842.)

141. Lorsqu'un arrêté municipal ordonne que les cabarets, cafés et salles de billard seront

vidés et fermés à une heure déterminée, le tribunal de police ne peut se dispenser d'en faire l'application au cabaretier qui, après l'heure fixée par l'arrêté, a été trouvé à table, dans sa cuisine, avec des individus, ses amis, mais ne demeurant pas chez lui, encore bien que la porte du cabaret fût alors fermée. (C. cass. 24 février 1842.) Voy. AUBERGISTES, GARDES-CHAMPÊTRES. *Supra* n°s 1er *et suivants.*

Cafés. — V. AUBERGISTES. CABARETS. GARDES-CHAMPÊTRES. *Supra* n° 1er *et suivants.*

Charbons enflammés. — Voy. INCENDIES.

Chaume (Couvertures en).

142. Est illégal, comme pris hors des limites du pouvoir de l'autorité municipale, le réglement de police qui ordonne la destruction des couvertures en paille, chaume ou roseaux, et leur remplacement en tuiles ou ardoises. (C. cass. 3 décembre 1840.) — V. INCENDIES. — Voy. *supra* n° 23.

Chevaux. — Voy. VOITURES.

Cimetières. — **Inscription sépulcrale.**

143. Le droit de police et de surveillance, conféré à l'autorité municipale sur les lieux de sépultures, s'étend aux inscriptions que les parents font placer sur les tombes. (Ainsi jugé par ordonnance du 7 janvier 1842. (*Albau des Héberts.*) — V. INHUMATIONS. — V. *supra* n° 9.

Colporteurs et marchands forains.

144. Est obligatoire, l'arrêté municipal qui prescrit que les ventes publiques, faites par les colporteurs et marchands forains, auront lieu d'après les mesures légales, et non par coupons et sans indication d'aunage. (C. cass. 7 mai 1841.)

145. Est obligatoire, l'arrêté municipal qui prescrit que des marchandises ne pourront être publiquement vendues par les marchands forains ou colporteurs, qu'autant qu'elles auront été préalablement pesées ou mesurées devant l'acheteur. (C. cass. 8 mai 1841).

146. L'autorité municipale n'a pas le droit de prescrire par un arrêté, que les marchands forains ou colporteurs ne pourront procéder à l'exposition et à la mise en vente de leurs marchandises, que lorsque des experts en auront préalablement constaté la qualité. (C. cass. 7 mai 1841.)

147. L'autorité municipale n'a pas le droit de prescrire, par un arrêté, que les marchands forains et colporteurs ne pourront procéder à l'exposition et à la mise en vente de leurs marchandises, que lorsqu'un examen préalable et la production de factures légalisées en auront constaté l'origine et la qualité. (C. cass. 8 mai 1841.)

148. L'autorité municipale n'a pas le droit d'assujétir les marchands forains et colporteurs à produire, avant de se livrer à leur commerce,

les passeports et les patentes dont ils doivent être munis. (C. cass. 8 mai 1841). — Voy. *supra n°* 6 *et suiv.*

Combustibles (matières). — Voy. INCENDIES. CHAUME.

Construction. — Autorisation nécessaire.

149. Le principe en vertu duquel aucune construction ni réparation de bâtiments situés sur la voie publique, ne peut être entreprise sans avoir préalablement obtenu du Maire l'autorisation et l'alignement nécessaires, est applicable même aux communes qui n'ont point le plan général prescrit par la loi du 16 septembre 1807. (C. cass. 8 janvier 1841 ; 21 mai et 11 août 1842.)

150. Les réglements généraux qui défendent d'entreprendre aucune construction sur, ou joignant la voie publique, sans avoir préalablement demandé et obtenu, de l'autorité municipale, l'alignement par eux exigé, doivent être observés, même dans les communes où cette autorité n'a point rappelé les citoyens à leur exécution. C. cass. 23 janvier et 19 août 1841 ; 21 mai 1842).

151. Est légal et obligatoire, l'arrêté municipal portant que tous architectes, entrepreneurs ou ouvriers, qui entreprendront des travaux neufs ou de grosses réparations, même dans l'intérieur des bâtiments, devront en faire la déclaration à la Mairie. (C. cass. 10 avril 1841.) — Voy. *supra n°s* 20, 58.

Cours communes. — Balayage. — Contravention.

152. Lorsqu'un arrêté municipal prescrit le balayage journalier des *cours communes*, appartenant à plusieurs propriétaires, ou occupées par plusieurs locataires, le tribunal de simple police, s'il ne déclare pas que les cours où la contravention a été commise sont closes et séparées de la voie publique, ne peut renvoyer le prévenu sous le prétexte que ces cours ne sauraient être considérées comme un passage public et que les agents de police n'avaient pas le droit d'y pénétrer pour constater la contravention. (C. cass. 22 avril 1842.) — Voy. *supra n°* 27.

Danses publiques. — Emplacement particulier. — Contravention.

153. Lorsqu'un réglement municipal prohibe les danses publiques hors des lieux déterminés par le Maire, le fait de former des danses ouvertes à tout le monde dans un emplacement particulier, mais attenant sans clôture à la voie publique, constitue une contravention. (C. cass. 8 décembre 1842). — Voy. *supra n°* 1er *et suiv.*

Démolition pour cause de péril.

154. L'individu qui a contrevenu à un arrêté municipal qui lui enjoignait de démolir sa maison menaçant ruine, doit être condamné à la démolition de ladite maison. (C. cass. 20 août 1841.) — Voy. *supra nos* 20, 58.

Denrées. — V. EXPOSITION DE MARCHANDISES. MARCHÉS. HALLES.

Dépôts de Matériaux sur la voie publique.

155. Est pris en dehors des attributions du pouvoir municipal, et partant non obligatoire, l'arrêté par lequel un Maire subordonne à son autorisation préalable, tout dépôt quelconque de matériaux sur la voie publique. (C. cass. 10 avril 1841.) — Voy. *supra* nos 18, 30.

Devise. — V. AFFICHAGE.

Divertissements publics. — V. DANSES. FÊTE PATRONALE. JEUX.

Eaux ménagères. — Eaux d'Egouts. — Propriétaire n'habitant pas la maison. — Responsabilité.

156. La défense faite par un arrêté municipal de verser des eaux ménagères sur la voie publique, et d'y laisser écouler des eaux d'égout, de matras, et autres eaux sales provenant des cours et écuries, s'applique nécessairement au propriétaire d'une maison bordant la voie publique. — En cas de contravention, ce propriétaire ne peut être relaxé par le motif qu'il n'habite pas la maison d'où sont provenues les eaux. (C. cass., 28 avril 1842.) — Voy. *supra* nos 27, 33.

Eclairage de Matériaux.

157. L'obligation d'éclairer des matériaux

laissés sur la voie publique s'étend à toute la durée de la nuit. Cette obligation comprend d'ailleurs celle de veiller à ce que l'éclairage ne soit pas interrompu par des accidents, et notamment par le mauvais temps. (C. cass., 23 décembre 1841, 3 mars 1842.) — Voy. *supra* n° 18.

Ecriteau. — V. AFFICHAGE.

Emplacement. — V. HALLES, MARCHÉS.

Enseigne. — Inscription sur mur. — V. AFFICHAGE.

Entrepreneur de Vidanges. — V. VIDANGES.

Estaminets. — V. AUBERGISTES, CABARETS, GARDES-CHAMPÊTRES.

Etal. — V. BOUCHERIE.

Exposition de Marchandises sur la voie publique. — Excuse.

158. La contravention à un arrêté municipal qui défend : 1° d'exposer des marchandises en vente, même momentanément, sur le sol des rues, places et autres communications publiques, soit sur des voitures, brouettes, tables ou autres appareils ; 2° de stationner sur la voie publique avec des voitures, brouettes ou autres appareils, ne peut être excusée par le tribunal de police, sur le motif que pour débiter sa marchandise, le contrevenant est obligé de parcourir les rues, sans quoi il serait exposé à perdre ses denrées ; que, d'ailleurs, il est d'un usage universellement

établi que le genre de marchands dont il fait partie, parcourent les rues des villes qu'ils habitent pour débiter leur marchandise. (C. cass., 21 juin 1844.)

159. Il s'agissait, dans l'espèce, d'un marchand de moules qui avait été trouvé stationnant au milieu de la voie publique, avec une brouette sur laquelle était exposée en vente une corbeille contenant des moules qu'il offrait aux passants. — Voy. *supra n° 6 et suiv.*

Fête patronale.

160. L'arrêté d'un maire qui prescrit pour le jour de fête patronale de la commune, des dispositions relatives aux bals, jeux et autres divertissements, est pris dans les limites de ses attributions, et doit être appliqué, lors même que cet arrêté aurait en même temps pour objet de viser et de publier l'acte d'adjudication des jeux divertissants. (C. cass., 23 décembre 1842.)

Forme des Alignements. — V. ALIGNEMENTS.

Gardes-champêtres. — Appariteurs de police.

161. Les gardes-champêtres sont spécialement préposés, par la loi du 6 novembre 1791, à la police des campagnes; ils n'ont pas qualité pour constater les contraventions autres que celles de police rurale; plusieurs décisions de la cour de cassation établissent ce principe, notamment l'arrêt du 7 mai 1840, dont voici le texte:

La cour ; — Attendu, en droit, que les gardes-champêtres ne sont chargés, selon l'art. 16, code d'instruction criminelle, que de rechercher, chacun dans le territoire pour lequel il a été assermenté, les délits et les contraventions de police qui auront porté atteinte aux propriétés *rurales* ; — que les procès-verbaux par eux dressés en matière de police *urbaine* ne peuvent donc *faire foi* des faits qui s'y trouvent énoncés, jusqu'à preuve contraire, conformément à l'art. 154 du même code ; que dans l'espèce, où il s'agissait d'une infraction à l'arrêté du Maire d'Ecouen, concernant le balayage *des rues* de cette commune, le jugement *dénoncé n'a pas expressément violé* cette dernière disposition, en déclarant, *en l'état des faits* qui l'ont déterminé, que les prévenus n'ont pas commis la contravention, qui ne se trouvait établie à leur charge que par le procès-verbal du garde-champêtre, *rejette. (Ce n'est comme on le voit, qu'un arret de rejet.)*

161 *bis*. Néanmoins, MM. les Maires peuvent donner qualité à leurs gardes-champêtres, pour aider MM. les Adjoints à faire la police des cafés, des cabarets et autres lieux publics, s'ils les nommaient *appariteurs de police*, aux termes de l'art. 12 du titre 1er de la loi du 19-22 juillet 1791 ; mais dans ce cas, ils devront prêter serment *en cette qualité* devant le tribunal de première instance. — Voy. *supra* nos 4, 27, 51.

Garni. — V. Maisons garnies.

Glanage. — Ratelage. — Prairies artificielles. — Introduction de troupeaux, etc.

162. La défense faite par la loi de glaner et

rateler ne s'applique pas aux prairies artificielles. (C. cass. 17 janvier 1845.)

163. Est légal et obligatoire, l'arrêté municipal qui interdit le glanage à ceux qui ne sont point porteurs d'une carte délivrée par le Maire. (C. cass. 8 octobre 1840.)

164. Se rend coupable de contravention à l'art. 22 du titre 2 de la loi du 28 septembre 6 octobre 1791, celui qui envoie ses vaches sur un champ moissonné lui appartenant, avant que le glanage ait pu s'exercer, et lorsque des champs contigus ne sont pas encore dépouillés de leurs récoltes. (C. cass. 13 janvier 1844.) Voy. *supra* n° 70.

Gouttières saillantes (suppression des).

165. Lorsqu'un arrêté municipal prescrit la suppression des gouttières saillantes, le tribunal de police fait une fausse application de cet arrêté, en décidant qu'il concerne seulement les maisons où, lors de sa publication, existaient de semblables gouttières. (C. cass. 30 mai 1840.) V. *supra* n° 27.

Halles et Marchés. — Emplacement. — Heure d'entrée. — Stationnement.

166. Les Maires ont le droit de fixer l'emplacement sur lequel les marchands devront étaler leurs marchandises les jours de foires et marchés. (C. cass. 6 mars 1840). Voy. MARCHÉS. DENRÉES. VENTE DE DENRÉES. BOUCHERIE. — V. *supra* n° 6 et suivants.

Hôtels garnis. — V. MAISONS GARNIES. AUBERGISTES.

Incendies. — Charbons enflammés. — Bonne foi.

167. La bonne foi ne peut servir d'excuse à la contravention à un arrêté municipal qui interdit de porter dans la ville des charbons enflammés, autrement que dans des vases couverts. (C. cass. 28 mars 1844.) — Voy. *supra n°* 23, 25.

Incendies. — Meules de foin, etc. — Distance.

168. Il entre dans les attributions de l'autorité municipale de prendre des arrêtés pour défendre d'établir des meules de foin, de paille, de fagots et autres matières combustibles, à moins de 40 mètres de distance des habitations. (C. cass. 2 mars 1844.) V. CHAUME. — V. *supra nos* 23, 25.

Inscription. — V. AFFICHAGE.

Inscription sépulcrale. — V. CIMETIÈRE. INHUMATION.

Inscription sur mur. — V. ENSEIGNE. AFFICHAGE.

Inhumations. — Sépultures privées.

169. L'art 14. du décret du 23 prairial an 12 porte que :

Toute personne pourra être enterrée sur sa propriété, pourvu que ladite propriété soit hors et à la distance prescrite de l'enceinte des villes et bourgs.

170. Si un particulier acquiert un emplacement dans le cimetière privé d'une famille autre

que la sienne, ce n'est pas là le cas prévu par l'article précité, et le fait de l'inhumation dans cet emplacement, constitue une contravention à l'arrêté municipal qui défend d'inhumer les morts ailleurs que dans le cimetière communal, ou dans les autres lieux où la loi le permet. (C. cass. 24 janvier 1840). V. CIMETIÈRES. — Voy. *supra* n° 9.

Jeux et divertissements publics.

171. Lorsqu'un arrêté municipal prohibe les danses publiques hors des lieux déterminés par le Maire, le fait de former des danses ouvertes à tout le monde dans un emplacement particulier, mais attenant sans clôture à la voie publique, constitue une contravention. (C. cass. 25 sept. 1841, 8 decembre 1842.)— V. FÊTE PATRONALE.

Lanternes. — V. AUBERGISTES.

Logements militaires.

172. Les arrêtés municipaux qui répartissent entre les citoyens la charge du logement des troupes, sont obligatoires, pour les tribunaux, tant qu'ils n'ont pas été réformés par l'autorité supérieure. (C. cass. 13 août 1842 ; même décision par trois arrêts de la même date.)

173. Lorsqu'un arrêté municipal enjoint aux habitants de laisser leurs portes ouvertes à jour fixe, pour le logement des troupes de passage, si deux habitants sont en contestation au sujet d'une

substitution de logement, le tribunal de simple police peut, sans porter atteinte aux attributions de l'autorité administrative, admettre les parties à faire la preuve des faits par elles allégués. (C. cass. 23 avril 1842.)

Logeurs. — V. AUBERGISTES.

Maisons garnies. — Voyageurs. — Passeports.

174. Est obligatoire, l'arrêté municipal qui prescrit aux maîtres de maisons garnies, de porter tous les jours au commissaire de police les passeports des voyageurs qui arrivent dans leurs maisons, et qui enjoint à ceux-ci de se présenter, dans les vingt-quatre heures de leur arrivée, à la Mairie, pour y retirer leurs passeports et obtenir un visa ou permis de séjour. (C. cass. 10 avril 1841.) — Voy. *supra n° 1er et suivants.*

Maisons et Allées.

175. Est légal et obligatoire, l'arrêté municipal qui fixe l'heure à laquelle doivent être fermées les portes extérieures des maisons, allées et cours communes. (C. cass. 18 décembre 1840 ; 27 août 1841.)

Marchands forains. — V. COLPORTEURS.

Marchés et Halles.

176. Est obligatoire, l'arrêté municipal qui désigne les lieux dans lesquels doivent être ex-

posées et vendues, les jours de foire et marchés, certaines marchandises. (C. cass. 8 octobre 1842.) V. HALLES. DENRÉES. VENTE DE DENRÉES. BOUCHERIE. — Voy. *supra n° 6 et suiv.*

Marchandises. — V. EXPOSITION DE MARCHANDISES.

Matériaux. — V. DÉPÔTS. ECLAIRAGE.

Matières combustibles. — V. INCENDIES. CHAUME.

Notification. — V. ARRÊTÉ.

Pain. — Regrat.

177. Lorsqu'un arrêté municipal interdit le regrat ou la revente du pain dans quelque lieu public que ce soit, sans la permission de l'autorité, il y a contravention à cet arrêté de la part d'un menuisier qui revend du pain dans sa boutique. (C. cass. 20 avril 1844.) V. *supra n°* 40.

Parcours. — Titre. — Abolition. — Troupeau commun.

178. La servitude de parcours, n'est maintenue par l'art. 2 de la section 4 de la loi du 28 septembre 6 octobre 1791, que lorsqu'elle est fondée sur un titre ou sur une possession autorisée par les lois et les coutumes. On ne peut voir un titre suffisant de ce parcours conventionnel, dans une transaction qui ne fait que régler l'exercice d'un parcours coutumier, aboli par une loi locale antérieure à la loi ci-dessus citée. (C. cass. 25 mars 1844).

179. Les propriétaires ou fermiers qui n'usent pas *individuellement* de la faculté que la loi leur donne de participer, par troupeau séparé, au droit de parcours ou de vaine pâture, ne peuvent en jouir qu'en remettant leurs bestiaux dans le troupeau commun du territoire ; il ne leur est pas permis de placer les bestiaux qui leur appartiennent, sous la conduite d'un berger par eux choisi, et de former ainsi un second troupeau commun.

180. Tout réglement qui a pour objet de réprimer une infraction de cette nature est donc obligatoire.

181. Ainsi jugé par arrêt de la C. cass. du 9 février 1838, ainsi conçu : La cour ; Vu l'art. 12 section 4, titre 1er de la loi du 28 septembre 6 octobre 1791, portant : Dans les pays de parcours ou de vaine pâture, soumis à l'usage du troupeau en commun, tout propriétaire ou fermier pourra renoncer à cette communauté, et faire garder, par troupeau séparé, un nombre de têtes de bétail, proportionné à l'étendue des terres qu'il exploitera dans la paroisse. Ensemble les art. 10, 11 et 13 de la loi du 18 juillet 1837 ; Attendu en droit, 1° que tout propriétaire ou fermier qui n'use pas *individuellement* de la faculté que le premier de ces articles lui donne, de participer par troupeau séparé au droit de parcours ou de vaine pâture, ne peut en jouir qu'en mettant son bétail dans le troupeau commun du territoire ; qu'il n'est donc pas permis à deux ou

plusieurs particuliers de rendre cette disposition inefficace, en plaçant les animaux qui leur appartiennent sous la conduite d'un berger par eux choisi, et de former ainsi un second troupeau commun, quand la loi n'a voulu en autoriser qu'un seul dans chaque localité, afin de rendre plus avantageux l'exercice de la compascuité et de prévenir, dans l'intérêt général, les inconvénients qu'entraîne la garde séparée; 2° qu'en investissant l'autorité municipale d'ordonner les mesures de police rurale qu'elle juge nécessaires au profit de tous les habitants, ainsi que de nommer les pâtres communs, les articles précités de la loi du 18 juillet 1837 lui ont virtuellement conféré, par cela même, celui d'assurer l'exécution dudit article 13 et de faire cesser les infractions qui peuvent y être commises; que l'arrêté pris à cet effet dans l'espèce, l'a donc été légalement. D'où il suit qu'en décidant le contraire, les jugements dénoncés ont commis une violation expresse des articles ci-dessus visés; *casse*, etc.

182. Même décision, par arrêt de la même cour, du 2 décembre 1841. V. VAINE PATURE. — Voy. *supra* n° 97.

Passeports. — V. MAISONS GARNIES.

Patron. — V. FÊTE PATRONALE.

Péril. — V. DÉMOLITION.

Portes de Maisons et d'Allées. — V. MAISONS ET ALLÉES.

Prairies artificielles. — V. GLANAGE. RATELAGE.

Prescription des Contraventions. — Voie publique.

183. La voie publique étant imprescriptible, le réglement de police qui ordonne la suppression de toute saillie non autorisée, doit être exécuté. (C. cass. 20 août 1841).

Professions à Marteau. — V. BRUITS NOCTURNES.

Publication. — V. ARRÊTÉ.

Ratelage. — V. GLANAGE.

Réglement ancien. — Nouveau. — Permanent. — Peine. — Application.

184. Lorsqu'un magistrat municipal, au lieu de publier purement et simplement un ancien réglement de police, y apporte quelques modifications, son arrêté doit être considéré comme réglement nouveau; les contrevenants sont dès-lors passibles, non des peines établies par l'ancien réglement, mais seulement des peines de simple police, lorsque d'ailleurs le réglement rentre dans les attributions municipales. (C. cass. 12 novembre 1830.) V. ARRÊTÉ.

Regrat. — V. PAIN.

Revente. — V. PAIN.

Sépultures privées. — V. CIMETIÈRES. INHUMATIONS.

Stationnement. — V. Halles; Marchés. Voitures.

Taxe du Pain. — V. Boulangerie.

Travaux dépassant les limites de l'autorisation. — Faits contrairement à l'autorisation. — Faits sans autorisation.

185. Lorsqu'un particulier, dans les travaux qu'il fait faire à une maison le long d'une rue, dépasse les limites de l'autorisation qu'il a reçue, il doit être condamné, non-seulement à l'amende mais encore à la démolition des travaux faits, lors même que ces travaux ne rétréciraient pas la voie publique. (C. cass. 11 janvier 1840.)

186. Le propriétaire qui, muni seulement de l'autorisation de *gratter, blanchir et badigeonner* les deux façades de sa maison donnant, l'une sur la rue, l'autre sur une impasse, les fait récrépir toutes deux, et de plus, fait changer du côté de cette dernière, l'appui d'une croisée, et poser plusieurs mètres de dallottes en forme de glacis, se rend coupable de la contravention prévue et punie par les nos 5 et 15 de l'art 471 du c. pén. (C. cass. 19 novembre 1840.)

187. Le maçon qui exécute, pour le compte d'un propriétaire et par son ordre, des travaux qui, contrairement à l'autorisation du Maire, établissent une saillie sur la voie publique, est passible, comme le propriétaire lui-même, de l'amende portée au no 5 de l'art. 471 du c. pén. (C. cass. 17 décembre 1840.)

188. Lorsqu'une palissade, faisant saillie sur

un alignement a été remplacée, contrairement aux défenses de construire, reconstruire et réparer, faites par cette autorité, le juge ne peut relaxer le prévenu, sous le prétexte qu'il n'y a eu là ni construction ni reconstruction. (C. cass. 1er décembre 1842.)

189. Les lois et réglements, qui exigent qu'aucune construction ou reconstruction ne puisse avoir lieu sur la façade des maisons donnant sur la voie publique, sans l'autorisation de l'autorité municipale, sont d'ordre public. (C. cass. 17 janvier 1840.)

190. La loi ne défend pas seulement de construire sur la voie publique, au mépris de l'alignement donné par l'autorité compétente, mais encore d'y construire sans son autorisation et son alignement. (C. cass. 19 août 1841. — Décision analogue par autre arrêt de la même cour, du 30 avril 1840.)

191. Lorsqu'un arrêté municipal défend de pratiquer aucun changement aux fronts des maisons, sans autorisation, le tribunal de police ne peut renvoyer le prévenu qui a contrevenu à cet arrêté en faisant placer à une fenêtre de sa maison, une persienne en saillie sur la voie publique. (C. cass. 20 octobre 1841.)

192. Un arrêté est pris dans les limites des attributions municipales, lorsqu'il défend de construire ou de réparer des bâtiments joignant les rues et places publiques d'une ville, sans avoir préalablement obtenu une autorisation et

un alignement. (C. cass. 2 décembre 1841. — 21 mai, 25 juin, 11 août 1842.) V. ALIGNEMENT. CONSTRUCTION. — Voy. *supra* nos 20, 58.

Troupeau commun. — V. PARCOURS.

Troupes. — V. LOGEMENTS MILITAIRES.

Vaine pâture. — Délibération du conseil municipal. — Caractère obligatoire. — Prairies. — Première Herbe.

193. Le fait d'avoir conduit un troupeau à la vaine pâture, lorsque le droit aurait dû cesser pour les habitants de la commune, en vertu d'une délibération du conseil municipal, n'est passible d'aucune peine si, à l'époque où le fait a eu lieu, cette délibération n'a pas encore reçu de l'approbation de l'autorité supérieure, le caractère exécutoire nécessaire pour constituer la contravention. (C. cass. juin 1844).

194. Dans un canton où, de temps immémorial, le droit de vaine pâture s'exerce sur les prairies après la récolte de la première herbe, le propriétaire d'un pré ne peut s'affranchir de cette servitude en laissant sur pied, après la fenaison, un cordon d'herbe à la circonférence de cet héritage. L'introduction du troupeau commun dans le pré, ordonnée par le Maire, malgré cette espèce d'obstacle, n'est point une voie de fait susceptible d'une action en dommages et intérêts. (C. cass. 29 mars 1841.)

195. L'arrêté municipal qui détermine l'époque à laquelle les habitants d'une commune

pourront exercer le droit de vaine pâture sur des prairies naturelles, est légal et obligatoire.

196. Il s'applique aux propriétaires et aux fermiers de terres non closes, et qui sont soumises à ce droit. (C. cass. 16 décembre 1841.)

197. Les propriétaires ou fermiers ne peuvent faire pacager sur leurs propriétés *non closes*, un nombre de bêtes à laine excédant celui que le conseil municipal a, par sa délibération, permis d'envoyer au parcours commun. (C. cass. 30 décembre 1841.) V. PARCOURS. — Voy. *supra* n° 97.

Validité. — V. ARRÊTÉ.

Vendanges. — V. BAN.

Vente de Denrées. — Lieux désignés.

198. Lorsqu'un réglement de police municipale enjoint *aux habitants des campagnes et autres, qui apportent des provisions dans la commune, pour les vendre,* de les exposer et distribuer sur les marchés, et non ailleurs, le tribunal de police, saisi d'une contravention consistant à avoir colporté des légumes de porte en porte, ne peut renvoyer le prévenu de la plainte, sous prétexte que le réglement ne doit s'appliquer qu'à certains jours de la semaine, et seulement aux marchands forains. (C. cass. 30 août 1844.) V. MARCHÉS. HALLES. — Voy. *supra* n° 6 *et suiv.*

Vérification de viandes. — V. BOUCHERIE

Viande. — V. Boucherie.

Vidanges (Entrepreneur de). — Itinéraire.

199. Est légal et obligatoire, l'arrêté municipal qui détermine l'itinéraire que les entrepreneurs de vidanges doivent faire suivre à leurs voitures. (C. cass. 4 juin 1842.) Voy. *supra* n° 34.

Voie publique. — V. Dépôt. Eclairage. Exposition de Marchandises. Voitures.

Voirie urbaine. — V. Alignements. Construction. Démolition. Prescription. Travaux.

Voitures. — Chevaux. — Stationnement.

200. L'arrêté qui défend de laisser stationner des voitures et de donner à manger aux chevaux sur la voie publique, est pris dans les limites des attributions municipales. (C. cass. 3 décembre 1841). Voy. *supra* n° 19.

Voyageurs. — V. Maisons garnies.

EXPLICATION

DES

ABRÉVIATIONS

EMPLOYÉES DANS CET OUVRAGE.

Agric. . . . . Agriculture et commerce.
Arr. . . . . Arrêt.
Art. *ou* l'art. . . . . . . Article.
Chap. . . . . Chapitre.
Circ. minist. de l'Int. . . . Circulaire du Ministre de l'Intérieur.
C. C. *ou* C. cass. . . . . . Cour de cassation.
C. civ. . . . . Code civil.
C. P. *ou* C. pén. . . . . . Code pénal.
Com. . . . . Commerce.
Dispos. . . . . Disposition.
Etc. . . . . Et cœtera.
Id. . . . . Idem.
Ib. *ou* Ibid. . . . . Ibidem.
Infra. . . . . Plus bas.
Jurisp. . . . . Jurisprudence.
L'Agric. . . . . L'Agriculture.

L. . . . . Loi.
Min. . . . . Ministre.
Not. . . . . Notariat.
Nov. . . . . Novembre.
N° *ou* num. . . . . , . Numéro.
Observ. . . . . Observation.
Ord. *ou* ordon. . . . . Ordonnance.
P. . . . . Page.
Parag. . . . . Paragraphe.
Part. . . . . Partie.
Rép. jurisp. not. . . . . . . Répertoire de la Jurisprudence du Notariat.
Sect. . . . . Section.
Suiv. . . . . Suivant.
Supra. . . . . Ci-dessus.
T. *ou* tit. . . . . Titre.
T. *ou* tom. . . . . Tome.
V. *ou* voy. . . . . Voyez.
V. infra. . . . . Voyez plus bas.
V. supra. . . . . Voyez ci-dessus.

TABLE DES MATIÈRES

CONTENUES DANS CE VOLUME.

ERRATA.

Partout où il est renvoyé au no 188, *lisez no* 184.

Page 5, au lieu du no 178, *lisez no* 174.

Page 8, au lieu des nos 166 à 170, 180 et 202, *lisez* 166, 176, 198.

Page 10, au lieu des nos 173, 174, *lisez* 169, 170.

Page 17, au lieu du no 204, *lisez* 200.

Page 19, au lieu des nos 189 à 196, *lisez* 185 à 192.

Page 24, au lieu des nos 171, 172, *lisez* 167, 168.

Page 26, au lieu des nos 171, 172, *lisez* 167, 168.

Page 43, au lieu du no 181, *lisez* 177.

Page 51, au lieu des nos 189 à 196, *lisez* 185 à 192.

Page 81, au lieu des nos 182 à 186, 197, *lisez* 178 à 182, 193 à 197.

Compiègne. — LOUIS VOL, Imprimeur.

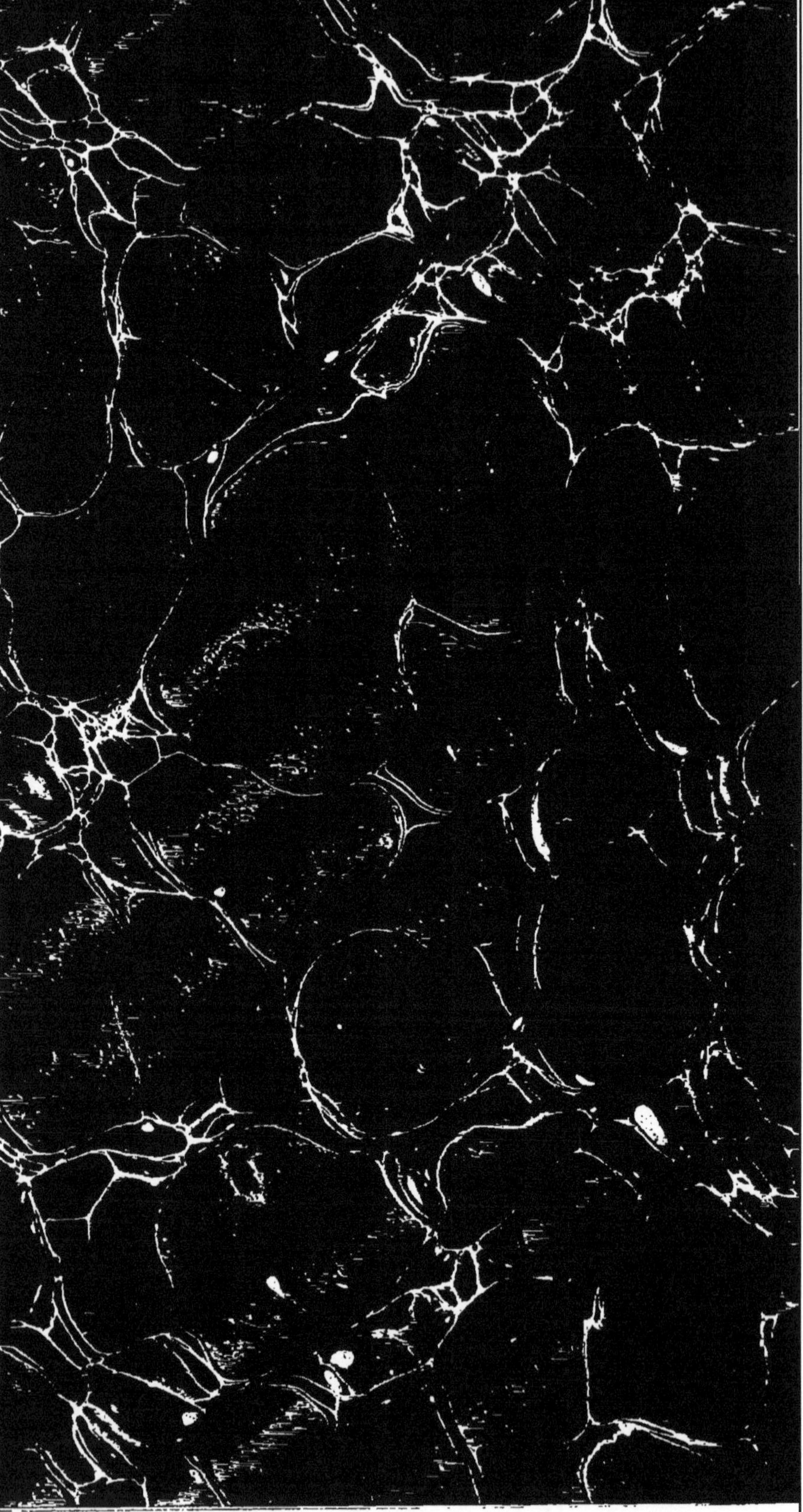

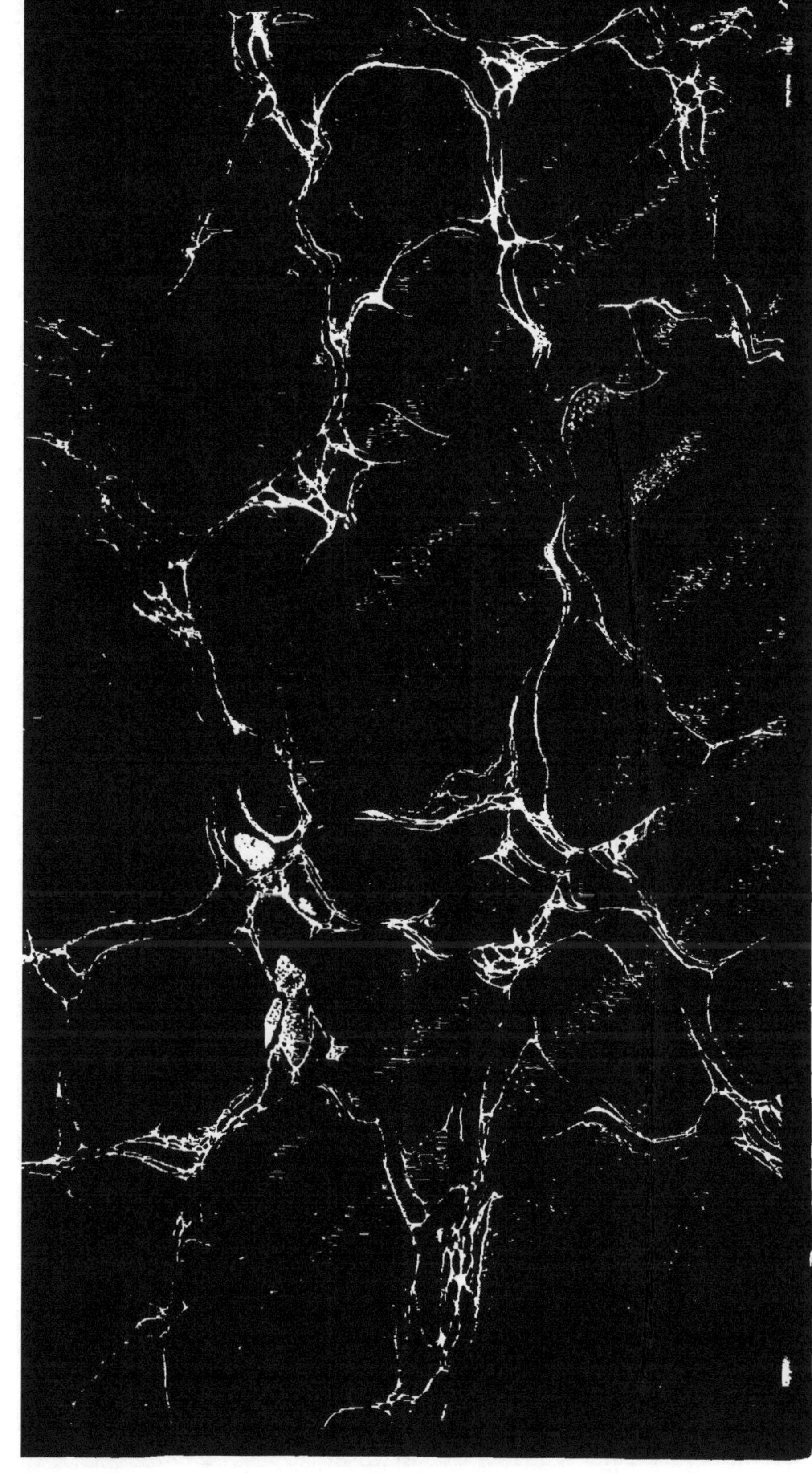

www.ingramcontent.com/pod-product-compliance
Ingram Content Group UK Ltd.
Pitfield, Milton Keynes, MK11 3LW, UK
UKHW022111190726
13855UKWH00002B/782

9 782013 355728